プリント形式のリアル過去問で本番の臨場感！

福岡県

中村学園女子中学校

2025年春受験用

解答集

本書は，実物をなるべくそのままに，プリント形式で年度ごとに収録しています。
問題用紙を教科別に分けて使うことができるので，本番さながらの演習ができます。

■ 収録内容

・解答集(この冊子です)

書籍ＩＤ番号，この問題集の使い方，最新年度実物データ，リアル過去問の活用，
解答例と解説，ご使用にあたってのお願い・ご注意，お問い合わせ

・2024(令和６)年度 ～ 2022(令和４)年度　学力検査問題

○は収録あり	年度	'24	'23	'22			
■ 問題(前期)		○	○	○			
■ 解答用紙		○	○	○			
■ 配点							

算数に解説があります

注)国語問題文非掲載:2024年度の一

問題文の非掲載につきまして

著作権上の都合により，本書に収録している過去入試問題の本文の一部を掲載しておりません。ご不便をおかけし，誠に申し訳ございません。

本文の一部を掲載できなかったことによる国語の演習不足を補うため，論説文および小説文の演習問題のダウンロード付録があります。弊社ウェブサイトから書籍ＩＤ番号を入力してご利用ください。

なお，問題の量，形式，難易度などの傾向が，実際の入試問題と一致しない場合があります。

JN132409

教英出版

■ 書籍ＩＤ番号

入試に役立つダウンロード付録や学校情報などを随時更新して掲載しています。
教英出版ウェブサイトの「ご購入者様のページ」画面で，書籍ＩＤ番号を入力してご利用ください。

書籍ＩＤ番号　115440

（有効期限：2025年9月30日まで）

【入試に役立つダウンロード付録】
「要点のまとめ（国語／算数）」
「課題作文演習」ほか

■ この問題集の使い方

年度ごとにプリント形式で収録しています。針を外して教科ごとに分けて使用します。①片側，②中央のどちらかでとじてありますので，下図を参考に，問題用紙と解答用紙に分けて準備をしましょう（解答用紙がない場合もあります）。

針を外すときは，けがをしないように十分注意してください。また，針を外すと紛失しやすくなりますので気をつけましょう。

① 片側でとじてあるもの

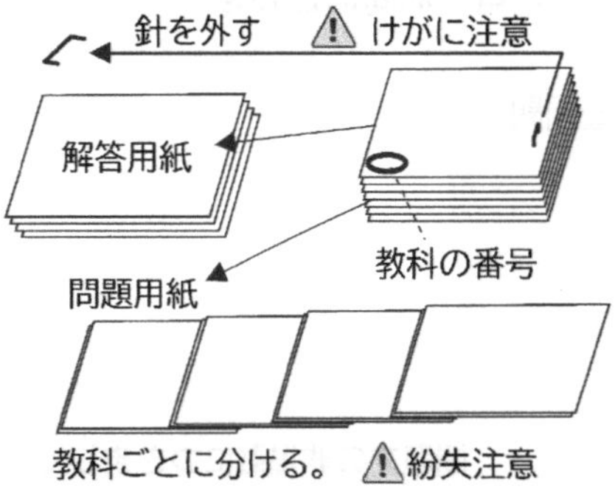

② 中央でとじてあるもの

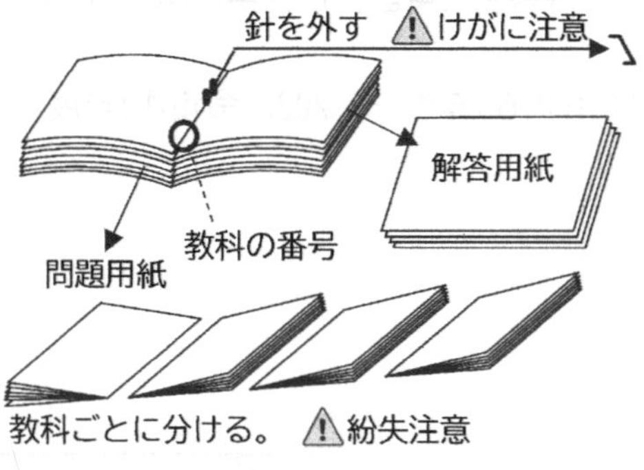

※教科数が上図と異なる場合があります。
解答用紙がない場合や，問題と一体になっている場合があります。
教科の番号は，教科ごとに分けるときの参考にしてください。

■ 最新年度 実物データ

実物をなるべくそのままに編集していますが，収録の都合上，実際の試験問題とは異なる場合があります。実物のサイズ，様式は右表で確認してください。

問題用紙	Ａ４冊子（二つ折り）
解答用紙	Ａ４プリント

リアル過去問の活用

～リアル過去問なら入試本番で力を発揮することができる～

本番を体験しよう！

問題用紙の形式（縦向き／横向き），問題の配置や余白など，実物に近い紙面構成なので本番の臨場感が味わえます。まずはパラパラとめくって眺めてみてください。「これが志望校の入試問題なんだ！」と思えば入試に向けて気持ちが高まることでしょう。

入試を知ろう！

同じ教科の過去数年分の問題紙面を並べて，見比べてみましょう。

①　問題の量

毎年同じ大問数か，年によって違うのか，また全体の問題量はどのくらいか知っておきましょう。どのくらいのスピードで解けば時間内に終わるのか，大問ひとつにかけられる時間を計算してみましょう。

②　出題分野

よく出題されている分野とそうでない分野を見つけましょう。同じような問題が過去にも出題されていることに気がつくはずです。

③　出題順序

得意な分野が毎年同じ大問番号で出題されていると分かれば，本番で取りこぼさないように先回りして解答することができるでしょう。

④　解答方法

記述式か選択式か（マークシートか），見ておきましょう。記述式なら，単位まで書く必要があるかどうか，文字数はどのくらいかなど，細かいところまでチェックしておきましょう。計算過程を書く必要があるかどうかも重要です。

⑤　問題の難易度

必ず正解したい基本問題，条件や指示の読み間違いといったケアレスミスに気をつけたい問題，後回しにしたほうがいい問題などをチェックしておきましょう。

問題を解こう！

志望校の入試傾向をつかんだら，問題を何度も解いていきましょう。ほかにも問題文の独特な言いまわしや，その学校独自の答え方を発見できることもあるでしょう。オリンピックや環境問題など，話題になった出来事を毎年出題する学校だと分かれば，日頃のニュースの見かたも変わってきます。

こうして志望校の入試傾向を知り対策を立てることこそが，過去問を解く最大の理由なのです。

実力を知ろう！

過去問を解くにあたって，得点はそれほど重要ではありません。大切なのは，志望校の過去問演習を通して，苦手な教科，苦手な分野を知ることです。苦手な教科，分野が分かったら，教科書や参考書に戻って重点的に学習する時間をつくりましょう。今の自分の実力を知れば，入試本番までの勉強の道すじが見えてきます。

試験に慣れよう！

入試では時間配分も重要です。本番で時間が足りなくなってあわてないように，リアル過去問で実戦演習をして，時間配分や出題パターンに慣れておきましょう。教科ごとに気持ちを切り替える練習もしておきましょう。

心を整えよう！

入試は誰でも緊張するものです。入試前日になったら，演習をやり尽くしたリアル過去問の表紙を眺めてみましょう。問題の内容を見る必要はもうありません。どんな形式だったかな？受験番号や氏名はどこに書くのかな？…ほんの少し見ておくだけでも，志望校の入試に向けて心の準備が整うことでしょう。

そして入試本番では，見慣れた問題紙面が緊張した心を落ち着かせてくれるはずです。

※まれに入試形式を変更する学校もありますが，条件はほかの受験生も同じです。心を整えてあせらずに問題に取りかかりましょう。

2024 解答例 令和6年度 中村学園女子中学校

《国　語》

一　問一．a．はいご　b．さっち　c．健在　d．補助　e．招　問二．どいてもらえませんか
問三．(1)半　(2)不　問四．エ　問五．イ　問六．ア　問七．現在では日本人の文化の形が個々人でまったく違っており、共通の基盤や教養が成立しない時代になったから。　問八．ウ　問九．(1)①B，C　②A
(2)きっと気に入ると思うのでぜひ受け取ってください

二　問一．a．勤　b．保証　c．さいわ　d．おとず　e．捨　問二．(1)う　(2)ウ　問三．A．オ　B．エ
C．ウ　D．イ　問四．イ　問五．だれの世話になって　問六．ウ　問七．Ⅰ．手がかからない、いい子
Ⅱ．泣くことを忘れている　問八．泣くことを忘れていたうたが、茉莉の胸の中で泣けるほど茉莉を信頼できるようになったから。　問九．イ，エ

《算　数》

1　(1)6　(2)8　(3)$\frac{5}{24}$　(4)$\frac{1}{3}$　(5)3

2　(1)120　(2)14　(3)18　(4)1056　(5)4　(6)16　(7)8　(8)18　(9)120　(10)72

3　(1)2350　(2)24　※(3)5，130

4　(1)3，5　(2)59　(3)8400

5　(1)50　(2)25　※(3)3

※の考え方は解説を参照してください。

《理　科》

1　問1．実験で用いた花粉以外の花粉が受粉するのを防ぐため。　問2．種子　問3．イ

2　問1．空気　問2．680　問3．エ

3　問1．イ　問2．ア　問3．イ　問4．ウ　問5．ウ

4　問1．ウ　問2．エ　問3．0.36　問4．イ

5　問1．10　問2．ア，イ，エ　問3．3.4　問4．20

6　問1．ア　問2．オ　問3．エ　問4．水素

7　問1．ウ　問2．×　問3．水　問4．ア

《社　会》

1　問1．イ　問2．番号…④　語句…遣隋使　問3．藤原道長　問4．娘を天皇と結婚させ，生まれた子を天皇にした。　問5．イ　問6．ア　問7．応仁の乱　問8．イ　問9．イ　問10．イ　問11．エ

2　問1．ウ　問2．ノルマントン号事件　問3．ウ　問4．ア　問5．学徒出陣
問6．日米安全保障条約〔別解〕日米安保条約

3　問1．イ　問2．金沢　問3．冬に北西の季節風が吹き，雪が多く積もるから　問4．政令指定都市
問5．エ　問6．ア　問7．エ　問8．エ　問9．エ　問10．ウ

4　問1．ア　問2．オ　問3．核家族　問4．ウ　問5．エ→ア→ウ→イ

$\boxed{1}$ (1) 与式 $= 8 - 6 + 4 = \mathbf{6}$

(2) 与式 $= 10 - 2 \times 4 \div 4 = 10 - 2 = \mathbf{8}$

(3) 与式 $= \dfrac{3}{10} \div \dfrac{9}{10} \times \dfrac{5}{8} = \dfrac{3}{10} \times \dfrac{10}{9} \times \dfrac{5}{8} = \dfrac{\mathbf{5}}{\mathbf{24}}$

(4) 【解き方】 $\dfrac{1}{n \times (n+1)} = \dfrac{1}{n} - \dfrac{1}{n+1}$ となることを利用する。

与式 $= \left(\dfrac{1}{2} - \dfrac{1}{3}\right) + \left(\dfrac{1}{3} - \dfrac{1}{4}\right) + \left(\dfrac{1}{4} - \dfrac{1}{5}\right) + \left(\dfrac{1}{5} - \dfrac{1}{6}\right) = \dfrac{1}{2} - \dfrac{1}{6} = \dfrac{3}{6} - \dfrac{1}{6} = \dfrac{2}{6} = \dfrac{\mathbf{1}}{\mathbf{3}}$

(5) 与式 $= \dfrac{3}{10} \times \left\{\dfrac{1}{5} + \left(1\dfrac{1}{2} - \dfrac{3}{10}\right) \times 4\right\} \div \dfrac{1}{2} = \dfrac{3}{10} \times \left(\dfrac{1}{5} + \dfrac{6}{5} \times 4\right) \times \dfrac{2}{1} = \dfrac{3}{10} \times \left(\dfrac{1}{5} + \dfrac{24}{5}\right) \times 2 = \dfrac{3}{10} \times 5 \times 2 = \mathbf{3}$

$\boxed{2}$ (1) 【解き方】2つの数の最小公倍数を求めるときは，右の筆算のように割り切れる数で

次々に割っていき，割った数と割られた結果残った数をすべてかけあわせればよい。

$$\begin{array}{r} 2\,)\,\underline{24\quad20} \\ 2\,)\,\underline{12\quad10} \\ 6\quad5 \end{array}$$

よって，求める最小公倍数は，$2 \times 2 \times 6 \times 5 = \mathbf{120}$

(2) $5.6\,\mathrm{kg} = 5600\,\mathrm{g}$ より，$5600\,\mathrm{g}$ は $400\,\mathrm{g}$ の $5600 \div 400 = \mathbf{14}$ (倍)である。

(3) 【解き方】分速は，1分間に進む速さである。

1分間に $60\,\mathrm{m}$ 進むので，1時間では $60 \times 60 = 3600$ (m)進む。$3600\,\mathrm{m} = 3.6\,\mathrm{km}$ より，時速 $3.6\,\mathrm{km}$ なので，5時間では，$3.6 \times 5 = \mathbf{18}$ (km)進む。

(4) 【解き方】A：B $= 5 : 12$，B：C $= 32 : 35$ より，Bの部分を，12と32の最小公倍数である96にそろえると，A：B：C $= 40 : 96 : 105$ と表すことができる。

したがって，AとCの和とBとの比は $(40 + 105) : 96 = 145 : 96$ なので，Bの値は $1595 \div \dfrac{145}{96} = \mathbf{1056}$ である。

(5) 【解き方】数の列を，1｜1，2｜1，2，3｜1，2，3，4｜1，2，3，4，5｜1，2，3…とグループに分けて考える。n番目のグループを第nグループとよぶことにする。第nグループにはn個の数字がある。

$40 = 1 + 2 + \cdots + 8 + 4$ だから，40番目の数は第9グループの4番目の数字であることがわかるので，求める数字は $\mathbf{4}$ である。

(6) 【解き方】食塩水の問題は，うでの長さを濃度，おもりを食塩水の重さとしたてんびん図で考えて，うでの長さの比とおもりの重さの比がたがいに逆比になることを利用する。

右のようなてんびん図がかける。$a : b$ は，食塩水の量の比である $400 : 600 = 2 : 3$ の逆比になるので，$a : b = 3 : 2$ となる。これより，$a : (a + b) = 3 : 5$ となるから，$a = (20 - 10) \times \dfrac{3}{5} = 6$ (%)なので，求める濃度は，$10 + 6 = \mathbf{16}$ (%)

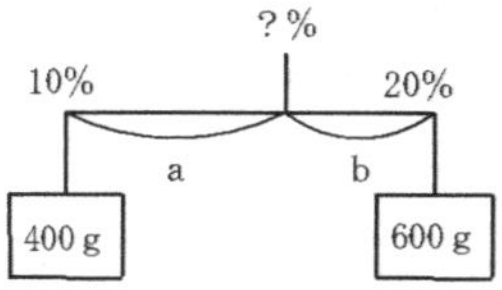

(7) 5個の偶数の平均が10なので，5個の偶数の合計は $10 \times 5 = 50$ である。一番大きい偶数を除いた4個の偶数の平均が9なので，この4個の偶数の合計は $9 \times 4 = 36$ である。したがって，一番大きい偶数は $50 - 36 = 14$ である。同様にして，一番小さい偶数を除いた4個の偶数の平均が11なので，この4個の偶数の合計は $11 \times 4 = 44$ であり，一番小さい偶数は $50 - 44 = 6$ である。よって，5個の偶数は小さい方から順に，6，8，10，12，14であり，小さい方から2番目の偶数は $\mathbf{8}$ である。

(8) 【解き方】斜線部分の一部を右図の矢印のように移動させて考える。

$6 \times 6 \div 2 = \mathbf{18}$ (cm²)

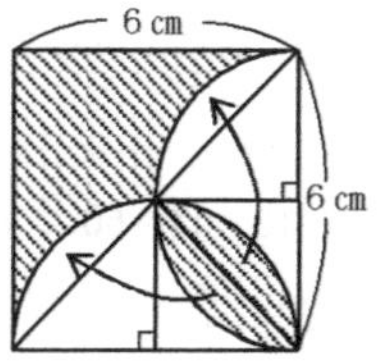

(9)　右の図のように記号をおく。三角形ＡＢＥは正三角形だから，角ＢＡＥ＝60°
三角形ＡＢＣはＡＢ＝ＢＣの二等辺三角形で，角ＡＢＣ＝90°＋60°＝150°より，
角ＢＡＣ＝角ＢＣＡ＝(180°－150°)÷２＝15°である。同様にして，角ＢＥＤも
15°である。三角形ＡＥＦについて，三角形の１つの外角は，それととなりあわない２つの内角の和と等しいから，角ア＝角ＥＡＦ＋角ＡＥＦ＝
(60°＋15°)＋(60°－15°)＝60°＋60°＝**120**°である。

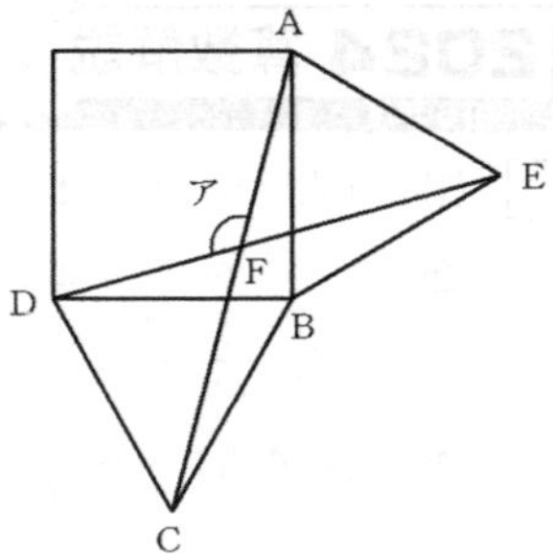

(10)　立方体の面は６つあるので，図の立方体の１つの面の面積は36÷６＝６(㎠)
である。したがって，切り分けたあとの立方体の１つの面の面積は６÷４＝$\frac{3}{2}$(㎠)
である。切り分けたあとの立方体には１つの立方体につき面が６つ，立方体は８個あるので，表面積の合計は，
$\frac{3}{2}$×６×８＝**72**(㎠)である。

3　(1)　**【解き方】使用量が 17 ㎥なので，(基本料金)＋50 円×(使用量)で求める。**
1500＋50×17＝**2350**(円)である。

(2)　**【解き方】水道料金が 3100 円であったので，3100－1500＝1600(円)分の使用量について考える。**
使用料 20 ㎥を超えると，③の料金になるので，20 ㎥を超えているかどうかを確かめると，使用量 20 ㎥のとき，
50×20＝1000(円)より，使用量が 20 ㎥を超え，さらに 1600－1000＝600(円)分あることがわかる。600÷150＝４
より，使用量は 20＋４＝**24**(㎥)である。

(3)　基本料金はＢ市が 1500－1000＝500(円)安い。20 ㎥以下の分は１㎥につきＡ市が 150－50＝100(円)安いから，
500÷100＝**５**(㎥)より多いとき，Ｂ市の方がＡ市より高くなる。
20 ㎥のとき，Ａ市の方が 100×(20－５)＝1500(円)安くなる。20 ㎥を超えて 100 ㎥以下の分は両市の料金の増え方に差はなく，100 ㎥を超える分は１㎥につきＢ市が 200－150＝50(円)安いから，1500÷50＝30，100＋30＝
130(㎥)より少ないとき，Ｂ市の方がＡ市より高くなる。

4　**【解き方】この問題のように，商品を何個か買うと１個もらえる問題では，右のような図をかくとよい。まず買ったパンを表す○を１段目に６個並べ，それらからもらえるパンを２段目の左はしに●で表す。すると，２段目以降は○を５個加えるごとに次の段に行けることになる。**

１段目	○	○	○	○	○	○
２段目	●	○	○	○	○	○
３段目	●	○	○	○	○	○
４段目	●	○	○	…	…	…

※○は買ったパンを，●はポイントシールと交換することでもらえたパンを表す。

(1)　まず，６個買うとポイントシールで１個のパンがもらえる。その後は５個買うごとにポイントシールで１個のパンがもらえる。上の図をかくと，(20－６)÷５＝２余り４より，○が５個の段が２段と余りが４個なので，３段目までが全部うまり，４段目が●○○○○となる。●が４－１＝３(個)だから，ポイントシールで交換できるパンは**3**個，ポイントシールは**5**枚である。

(2)　5000÷100＝50 より，50 個のパンを買う。上の図をかくと，(50－６)÷５＝８余り４より，○が５個の段が８段と余りが４個なので，９段目までが全部うまり，10 段目が●○○○○となる。●が 10－１＝９(個)だから，ポイントシールで交換できるパンは９個なので，手に入れることができるパンは 50＋９＝**59**(個)である。

(3)　100 個のパンを手に入れるには，100÷６＝16 余り４より，16 段目までが全部うまり，17 段目が●○○○となればよい。この場合に買ったパンは，６＋５×15＋３＝84(個)である。よって，最低 100×84＝**8400**(円)あればよい。

5　(1)　11＋12＋13＋14＝**50** である。

(2)　[１，20]＝[１，13]＋[14，20]である。[１，13]－[１，13]＝０，[12，20]－[14，20]＝[12，13]より

12＋13＝**25** である。

(3)　１から 30 までの数字のうち，［１，Ｃ］にも［Ｄ，30］にも含まれる数字の和が 30 になるように求める。

［１，Ｃ］＋［Ｄ，30］－［１，30］＝［Ｄ，Ｃ］＝30 となるＣ，Ｄの組み合わせを考える。

続いた整数が２個のとき，［Ｄ，Ｃ］＝30 とはならない。

続いた整数が３個のとき，９＋10＋11＝30 より，［９，11］＝30 だから，Ｃ＝11，Ｄ＝９

続いた整数が４個のとき，６＋７＋８＋９＝30 より，［６，９］＝30 だから，Ｃ＝９，Ｄ＝６

続いた整数が５個のとき，４＋５＋６＋７＋８＝30 より，［４，８］＝30 だから，Ｃ＝８，Ｄ＝４

続いた整数が６個以上のとき，［Ｄ，Ｃ］＝30 とはならない。

よって，求める組み合わせの数は，**３**組である。

中村学園女子中学校

《国　語》

一　問一．a．報道　b．宣言　c．分布　d．えんがん　e．なか　問二．ペルー沖に暖水が出現した状態が一年以上続き、海水温が三～五度も高くなった場合。　問三．エルニ～となる　問四．遠くはなれた他の地域の自然災害にもつながっていく　問五．X．イ　Y．エ　問六．A．海水運動　B．大気　C．赤道
問七．イワシの不漁によって牛の飼料は植物性たんぱくの大豆に切りかえられるため、大豆の価格が高くなり、アメリカからの大豆輸入にたよっている日本では豆腐の原料の価格が上がり、

二　問一．a．さほう　b．関心　c．おさ　d．疑　e．簡素　問二．A．イ　B．エ　C．ア　問三．ウ
問四．1．ア　2．ウ　問五．イ　問六．焼きもちという不純な気持ち　問七．X．男の子たち
Y．絵馬の行方　問八．絵馬が川に流されたことで、多津とややこに不吉なことが起こるのではないかと恐れ、こんな時にどうしたらよいかと教えてくれる珠世のもとに急ぐことだけを考えていたから。　問九．「、」が多く使われている　問十．赤ちゃんが無事に生まれますように

《算　数》

1　(1)8　(2)26　(3)$\frac{2}{3}$　(4)1000000　(5)37

2　(1)7，48　(2)5円玉…6　10円玉…17　(3)1200　(4)3　(5)12　(6)5：2　(7)カ　(8)21.42　(9)48
(10)62

3　(1)5040　(2)10　(3)説明…50！は1から50までの整数をかけあわせる。この1から50までの整数のうち，5で割りきれる数は5，10，15，20，25，30，35，40，45，50の10個あり，25，50の2個はさらに5で割りきれる。よって，12回目までは5で割りきれるので，初めて小数になるのは13回目。　答え…13回目

4　(1)1080　(2)①300　②13

5　(1)144　(2)③　(3)説明…それぞれの段の一番左にあるタイルはそれぞれ1段目から数えて1枚目，2枚目，5枚目，10枚目，17枚目，26枚目，37枚目，50枚目，65枚目，82枚目，101枚目，122枚目のタイルである。【図ア】と同じ向きになるのは，4で割ったときの余りが1になるときなので，1枚目，5枚目，17枚目，37枚目，65枚目，101枚目の6つである。　答え…6枚

《理　科》

[1] 問1．ア　問2．ア，ウ　問3．イ

[2] 問1．関節　問2．ウ　問3．カ　問4．エ

[3] 問1．イ　問2．オ　問3．ア，ウ

[4] 問1．13　問2．エ　問3．2.5

[5] 問1．イ　問2．イ　問3．地区…Y　Z…右　問4．ハザード

問5．森林の土は水をたくさんたくわえるため。

[6] 問1．22.5　問2．20　問3．$\frac{1}{3}$

[7] 問1．ア　問2．イ，エ　問3．1〔別解〕2　問4．ウ

《社　会》

[1] 問1．イ　問2．エ　問3．ウ　問4．カ　問5．イ　問6．記号…ア／岩手　問7．狂言

問8．ア　問9．エ　問10．イ　問11．寺子屋　問12．大塩平八郎　問13．馬車，人力車，レンガ造りの建物，ガス灯などが登場し，洋装の人があらわれた。　問14．ウ　問15．ア　問16．イ

問17．イ→ウ→ア→エ　問18．イタイイタイ病

[2] 問1．B　問2．岐阜　問3．イ　問4．運賃…610　所要時間…55　行き方案内…博多駅まで歩きます。バスターミナルへ行きます。太宰府ライナーバス旅人に乗ります。太宰府駅前でおります。　問5．カ

問6．(1)エ　(2)ア，カ　問7．(1)ウ　(2)ア

[3] 問1．ア　問2．平和主義　問3．イ　問4．もたない，つくらない，もちこませない

問5．(1)ウ　(2)NGO

2023 算数解説 令和5年度 中村学園女子中学校

1 (1) 与式＝4＋6－2＝**8**

(2) 与式＝50－2×(7＋5)＝50－2×12＝50－24＝**26**

(3) 与式＝$\frac{3}{10}\times\frac{14}{9}\div\frac{7}{10}=\frac{3}{10}\times\frac{14}{9}\times\frac{10}{7}=\mathbf{\frac{2}{3}}$

(4) 与式＝125×25×5×4×(2×8)＝(125×8)×(25×4)×(5×2)＝1000×100×10＝**1000000**

(5) 与式＝$\{3-\frac{25}{9}\times(\frac{9}{6}-\frac{4}{6})\}\times54=(3-\frac{25}{9}\times\frac{5}{6})\times54=3\times54-\frac{125}{54}\times54=162-125=\mathbf{37}$

2 (1) 0.13時間＝(0.13×60)分＝7.8分であり，0.8分＝(0.8×60)秒＝48秒となるから，7.8分＝**7分48秒**

(2) **【解き方】23枚がすべて10円玉としたときの金額と実際の金額の差を比べる。**

23枚すべてが10円玉だとすると，金額は23×10＝230(円)となる。これは実際より230－200＝30(円)高い。10円玉1枚を5円玉1枚におきかえると，金額は10－5＝5(円)低くなるから，5円玉の枚数は30÷5＝**6**(枚)である。よって，10円玉の枚数は23－6＝**17**(枚)である。

(3) **【解き方】単位をすべてmに直して考える。1km＝1000m，100cm＝1mである。**

2.3km＝2300m，40000cm＝400m，1.5km＝1500mだから，与式より，

2300＋400－□＝1500　2700－□＝1500　□＝2700－1500＝**1200**

(4) 長方形の実際の辺の長さは，たてが(8×25000)cm＝200000cm＝2000m＝2km，横が(6×25000)cm＝150000cm＝1.5kmとなる。よって，実際の面積は，2×1.5＝**3**(km²)

(5) **【解き方】ノートと鉛筆を同じ数ずつ配るときの子どもの人数は，ノートと鉛筆の数の公約数となる。よって，子どもの人数が最も多いときはこれらの最大公約数を求めればよい。**

2) 48 108
2) 24 54
3) 12 27
　4 9

最大公約数を求めるときは，右の筆算のように割り切れる数で次々に割っていき，割った数をすべてかけあわせればよい。48と108の最大公約数は，2×2×3＝12だから，求める人数は**12**人である。

(6) **【解き方】AさんとBさん，BさんとCさんの所持金の比がわかっているので，Bさんの比の数を合わせる。**

Bさんの比の数を2と5の最小公倍数の10に合わせると，所持金の比は(Aさん)：(Bさん)＝15：10，(Bさん)：(Cさん)＝10：6となるから，(Aさん)：(Cさん)＝15：6＝**5：2**である。

(7) **【解き方】y＝x×(きまった数)という式で表せるときxとyは比例していて，$y=\frac{(\text{きまった数})}{x}$，または，$xy$＝(きまった数)という式で表せるとき，$x$と$y$は反比例している。**

①y＝50－6×xだから，比例でも反比例でもない。　②$y=x\times\frac{10}{100}$だから，比例している。

③x×y÷2＝100よりx×y＝200だから，反比例している。　④y＝2000－x×4だから，比例でも反比例でもない。したがって，**カ**が正しい。

(8) **【解き方】色つき部分の周りの長さ(右図の太線の長さ)のうち，直線部分の長さは，AD＋DE＋EF＋BF＝AC＋BC＝12cmとなる。**

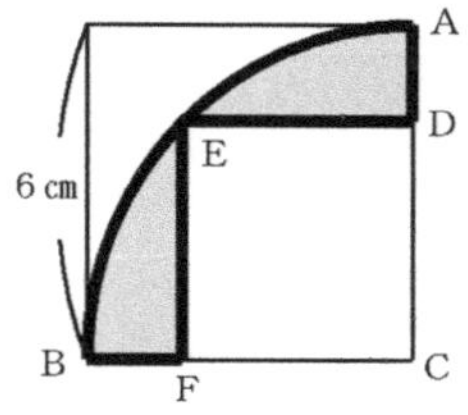

求める長さは，半径6cmの円周の長さの$\frac{1}{4}$に直線部分の長さを足した値《あたい》だから，

$6\times2\times3.14\times\frac{1}{4}+6\times2=\mathbf{21.42}$(cm)

(9) **【解き方】右図のようにGを通りABに平行な直線を引く。このとき，三角形AEHと三角形JGF，三角形BFEと三角形IHGはそれぞれ合同な直角二等辺三角形である。**

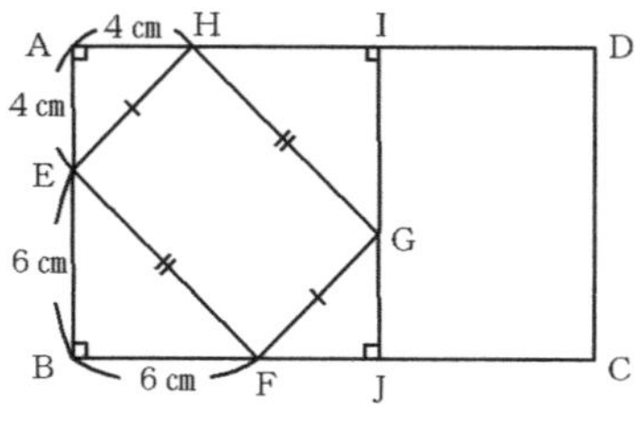

FJ＝JG＝4cm，GI＝IH＝6cmだから，四角形ABJIは1辺の

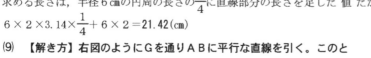

長さが 10 ㎝の正方形である。よって，長方形ＥＦＧＨの面積は，

正方形ＡＢＪＩの面積から，三角形ＡＥＨの面積と三角形ＢＦＥの面積をそれぞれ２倍した値を引けばよい。

求める面積は，10×10－（４×４÷２＋６×６÷２）×２＝100－52＝**48**(㎠)

⑽　**【解き方】15 個の立方体の表面積の和から，立方体どうしがくっついていて見えない面の面積を引けばよい。**

１つの面の面積は１㎠だから，15 個の立方体の表面積の和は，１×６×15＝90(㎠)

立方体どうしがくっついているところは 14 か所あるから，見えない面の面積は，１×14×２＝28(㎠)

よって，求める表面積は，90－28＝**62**(㎠)

3　(1)　１から７までの連続する整数をすべてかければよいので，７！＝１×２×３×４×５×６×７＝**5040**

(2)　**【解き方】一の位と十の位が０になるためには，100 をかける必要がある。右の筆算より，100＝２×２×５×５となるから，□！の計算結果には素因数として２が２つ以上と５が２つ以上ふくまれている。**

2) 100
2) 50
5) 25
5

２は２の倍数に，５は５の倍数に素因数としてふくまれているから，明らかに２の方が多くふくまれている。

したがって，１から□までの積の中に，素因数として５がちょうど２つふくまれたときの□が求める数である。

５の倍数は１つ目が５，２つ目が 10 だから，求める数は **10** である。

(3)　50！が持つ５の素因数の個数だけ，50！を５で割ることができる。５で１回しか割れない数(素因数として５が１つだけふくまれる数)と５で２回割り切れる数(素因数として５を２つふくむ数)があることに注意する。

4　(1)　水の量は容器の容積に等しいから，６×10×18＝**1080**(㎤)

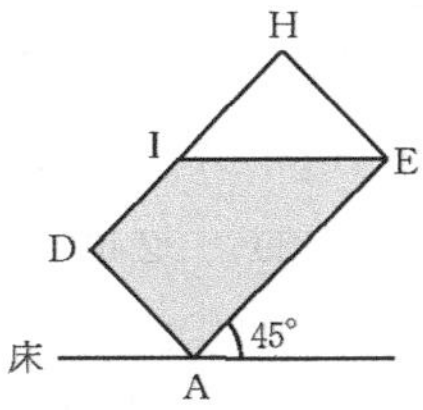

(2)①　**【解き方】右図のＩＥは床と平行で，平行線の錯角は等しいから，角ＩＥＡ＝45°，ＤＨとＡＥが平行だから，角ＨＩＥ＝角ＩＥＡ＝45°**

角ＥＨＩ＝90°だから，三角形ＩＥＨはＨＩ＝ＥＨの直角二等辺三角形である。

容器に水が入っていない部分は，三角形ＩＥＨを底面とする高さがＨＧの三角柱である。

こぼした水の体積はこの三角柱の体積と等しいから，求める体積は，10×10÷２×６＝**300**(㎤)

②　容器の底面積が６×10＝60(㎠)だから，こぼした水は高さ 300÷60＝５(㎝)ぶんである。

よって，求める水面の高さは，18－５＝**13**(㎝)である。

5　(1)　**【解き方】タイルの枚数の合計は，１段目までが１＝１×１(枚)，２段目までが１＋３＝４＝２×２(枚)，３段目までが４＋５＝９＝３×３(枚)，……となっているので，ａ段目まではａ×ａ(枚)になる。**

12 段目までのタイルの枚数の合計は，12×12＝**144**(枚)

(2)　**【解き方】黒い三角形の位置は１枚目から順に，上→右→下→左→上→……と４枚ごとの周期が繰り返される。したがって，最初から数えてｂ枚目のタイルの向きは，ｂを４で割ったときの余りを見ればわかる。**

(1)より，９段目までに９×９＝81(枚)，10 段目までに 10×10＝100(枚)のタイルが並ぶので，10 段目には 100－81＝19(枚)のタイルが並ぶ。19÷２＝９余り１だから，10 段目のちょうど真ん中のタイルは，最初から数えて 81＋10＝91(枚目)である。91÷４＝22 余り３であり，余りが３のタイルは黒い三角形が下にあるから，**③**が正しい。

(3)　(2)のように４で割ったときの余りを利用するので，各段の左端《ひだりはし》のタイルが１枚目から数えて何枚目かを考える。例えば５段目の左端のタイルは，４段目までのタイルの枚数に１を足すと求められるから，４×４＋１＝17(枚目)である。

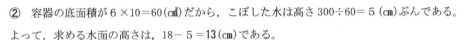

2022 解答例 令和4年度

中村学園女子中学校

《国　語》

一　問一．ⓐ成立　ⓑよ　ⓒかさ　ⓓ条件　ⓔ利用　　問二．A．ウ　B．ア　C．イ　　問三．Ⅰ．イ　Ⅱ．ア

問四．１つ目…人間はだれでもまちがいをおかす　２つ目…ホメロスは人間である　　問五．イ，オ

問六．X．推論の中で正しいものは限られた数の形式のどれかがあてはまることが多い　Y．インドやギリシヤにいた二千年あまり前の人たち　　問七．論理学　　問八．(例文) a．中村さん　b．楽しいことが好きだ

二　問一．ⓐやまいだれ　ⓑりっしんべん　　問二．X．イ　Y．ア　　問三．ア，エ　　問四．入院中の祖母が、祖父の食事などの心配ではなく、家がきれいかどうかばかりを心配していたこと。　　問五．ウ　　問六．ア

問七．イ　　問八．弱った父に今までの愛情を告げるのは、別れを告げ死の宣告をしているのと同じで、喜ばないと思ったから。　　問九．窓はきれいになってるのかなあ　　問十．①不安な　②エ

《算　数》

1　(1)39　　(2)10　　(3)2022　　(4)4　　(5)$\frac{7}{11}$

2　(1)7　　(2)56　　(3)①　　(4)44　　(5)2，84　　(6)450　　(7)2，40　　(8)36

(9)5.14　　(10)15.7　　(11)右図

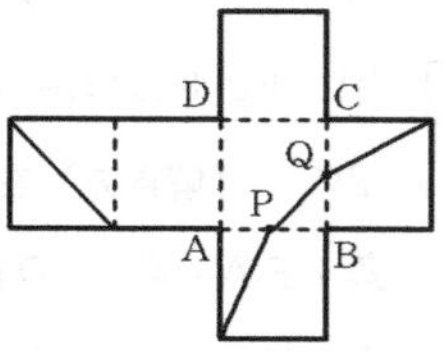

3　(1)13，17　　(2)②182　③16　④17　⑤17 (③と④は順不同)

4　(1)150　　(2)40

(3)開場してからの時間と行列の人数，入場者数を表にすると次のようになる。

時間(分)	0	8	16	24	32	40	53	66	79	…
行列(人)	50	40	30	20	10	0	15	30	45	…
入場者数	50	100	150	200	250	300	350	400	450	…

79分で行列が45人になり，次のゲートを開くまでに13分かかるので11分で55人の行列ができ，合計100人となる。よって，90分＝1時間30分後である。　答…1，30

5　(1)9　　(2)4，3，3

(3)引き分けがないので

(ナツ)　(アキ)

パー6回 ＜ グー2回 / チョキ4回 → アキ　4勝2敗

グー3回 / チョキ1回 ＞ パー4回 → アキ　3勝1敗

合計すると
アキ　7勝3敗

い．7　う．3

《理　科》

1 問1．ウ　問2．E　問3．600　問4．ウ

2 問1．ウ，エ　問2．イ　問3．ウ

3 問1．オ　問2．エ，カ　問3．日食　問4．カ　問5．イ

4 問1．エ　問2．ウ　問3．ウ　問4．エ

5 問1．B　問2．(1)C，D，E，F　(2)エ

6 問1．C　問2．(1)0.13　(2)0.9

7 問1．ウ　問2．(1)400　(2)15

《社　会》

1 問1．イ　問2．貝塚　問3．登呂　問4．高床倉庫　問5．エ　問6．行基　問7．守護　問8．地頭　問9．征夷大将軍　問10．イ　問11．歌川広重　問12．伊能忠敬

2 問1．ア　問2．オ　問3．エ　問4．イ　問5．(1)野口英世　(2)へび毒や黄熱病などの研究で大きな成果をあげた。

3 問1．ウ，エ　問2．イ　問3．ア　問4．(1)島根　(2)エ　問5．1　問6．(1)ⓐ四国　ⓑ中国　(2)オリーブ　(3)イ

4 問1．エ　問2．ウ　問3．地方自治　問4．国会　問5．A→C→E→B→D　問6．4階の高さまでは水につからないと予想されるので，現在いる場所に留まる。〔別解〕避難指示が出ているが，A小学校は洪水時に使用できないので，B公民館に避難する。

2022 算数解説 令和4年度 中村学園女子中学校

←解答例は前のページにありますので，そちらをご覧ください。

1 (1) 与式＝3＋4×9＝3＋36＝39

(2) 与式＝2×{2＋(16－1)÷5)}＝2×(2＋15÷5)＝2×(2＋3)＝2×5＝10

(3) 与式＝337×13－33.7×10×9＋337×10×0.2＝337×(13－9＋2)＝337×6＝2022

(4) 与式＝$(\frac{8}{4}-\frac{1}{4})\times\frac{16}{7}=\frac{7}{4}\times\frac{16}{7}=4$

(5) 与式＝$4\frac{9}{10}\div\{(\frac{12}{5}-\frac{6}{5})\times\frac{20}{3}-\frac{3}{10}\}=\frac{49}{10}\div(\frac{6}{5}\times\frac{20}{3}-\frac{3}{10})=\frac{49}{10}\div(8-\frac{3}{10})=\frac{49}{10}\div\frac{77}{10}=\frac{49}{10}\times\frac{10}{77}=\frac{7}{11}$

2 (1) エ＋5の下1けたが4になることから，エ＝9である。

ウ＋8＋1の下1けたが7になることから，ウ＝8である。

イ＋3＋1の下1けたが0になることから，イ＝6である。

2＋ア＋1の下1けたが0になることから，ア＝7である。

(2) 28の約数は{1，2，4，7，14，28}だから，約数の和は，1＋2＋4＋7＋14＋28＝56

(3) **【解き方】単位をそろえて考える。**

時速6km＝分速(6×1000÷60)m＝分速100m，秒速160cm＝分速(160×60÷100)m＝分速96mだから，

①の時速6kmがいちばん速い。

(4) **【解き方】1段目に2枚，2段目に3枚，3段目に4枚，…と考えると，8段目には9枚のカードが並ぶ。**

8段目までに並べたカードの枚数は，2＋3＋4＋5＋6＋7＋8＋9＝(2＋9)×8÷2＝44(枚)だから，

8段目のいちばん右にあるカードの数字も44である。

(5) **【解き方】和が6m＝600cm，差が32cmの和差算を考える。**

短い方のリボンの長さは，(600－32)÷2＝284(cm)＝2m84cm

(6) **【解き方】右のような線分図をつくって考える。**

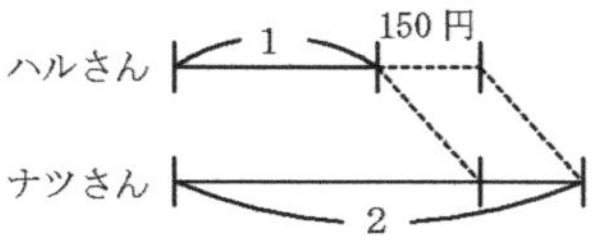

比の数の差の2－1＝1が150×2＝300(円)にあたるから，

ハルさんがはじめにもっていた金額は，300＋150＝450(円)

(7) 3kmを時速4.5kmで歩くと，3÷4.5＝$\frac{2}{3}$(時間)＝($\frac{2}{3}$×60)分＝40分かかり，7kmを時速3.5kmで歩くと，

7÷3.5＝2(時間)かかるから，全部で，2時間40分かかる。

(8) **【解き方】右図のように記号をおいて，二等辺三角形の性質や外角の性質を利用する。**

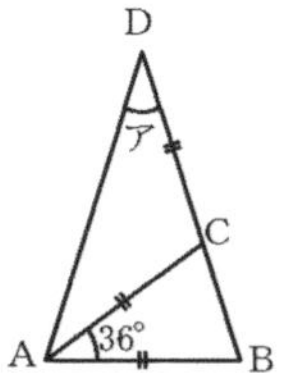

三角形ABCは，AB＝ACの二等辺三角形だから，角ACB＝(180°－36°)÷2＝72°

三角形ACDは，AC＝DCの二等辺三角形だから，角CAD＝角CDA＝角アで，

角CAD＋角CDA＝角ACBより，角ア＋角ア＝72°が成り立つから，

角ア×2＝72°　角ア＝72°÷2＝36°

(9) **【解き方】2つの半円の面積が等しいことから，斜線部分の面積は，**

右図の色を付けた部分の面積に等しい。

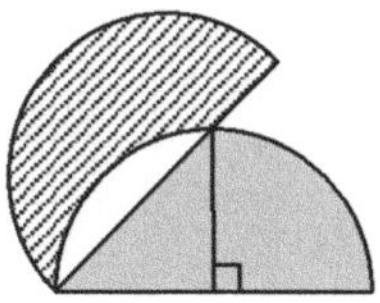

右図で色をつけた部分は，半径が4÷2＝2(cm)で中心角が90°のおうぎ形と，

直角をはさむ2辺の長さが2cmの直角二等辺三角形だから，求める面積は，

$2\times2\times3.14\times\frac{90°}{360°}+2\times2\div2=3.14+2=5.14$(cm²)

⑽　**【解き方】糸が通過する部分は，右図の色をつけた部分である。矢印の方向に動かすので，上側には動かさないことに注意する。**

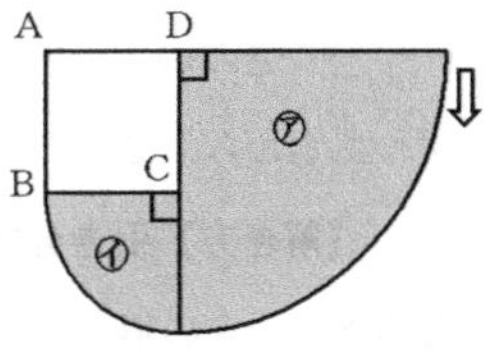

㋐は，半径が4cmで中心角が90°のおうぎ形，㋑は，半径が4－2＝2(cm)で中心角が90°のおうぎ形だから，求める面積は，

$4\times4\times3.14\times\frac{90^\circ}{360^\circ}+2\times2\times3.14\times\frac{90^\circ}{360^\circ}=4\times3.14+3.14=5\times3.14=15.7(\text{cm}^2)$

⑾　**【解き方】切り口を考えるとき，同じ平面上の２点を結ぶようにする。また，平行な平面には平行な切り口ができることも利用する。**

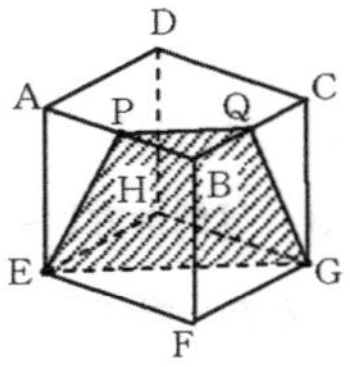

まず，見取り図内に切り口を作図する。ＰとＱ，ＰとＥは，それぞれ同じ平面上にあるから，ＰＱ，ＰＥをそれぞれ結ぶ。面ＡＢＣＤと面ＥＦＧＨは平行な平面で，ＰＱは面ＡＢＣＤ上に，点Ｅは面ＥＦＧＨ上にあるから，Ｅを通る面ＥＦＧＨ上の切り口は，ＰＱと平行になる。よって，ＥとＧを結ぶ。

ＱとＧは同じ平面上にあるから，ＱとＧを結ぶ。そうすると切り口は台形になる。

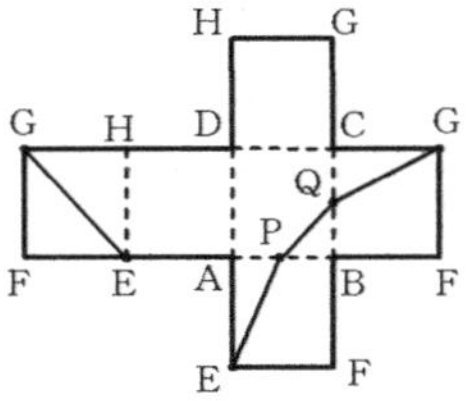

展開図上のそれぞれの点は右図のようになるので，ＧＥ，ＥＰ，ＰＱ，ＱＧを結ぶと解答例のようになる。

3　⑴　素数は１とその数でしか割り切れない数だから，13から17までの中では，13と17がある。

⑵　13と14は互いに素だから，13と14の最小公倍数は13×14＝182なので，発生周期が13，14年のセミが同じ年に同時に発生すると，②182年後に絶滅してしまう。

13から17までの整数のうち，最小公倍数が最も大きくなる２つの数の組は③16と④17(③と④は順不同)である。

14と16は公約数２をもつため，最小公倍数は16×７＝112となり，発生周期が14，16年のセミは，112年後に絶滅してしまう。残った13，15，17のうち，13と15の最小公倍数が13と17や15と17の最小公倍数より小さいために，発生周期が13，15年のセミは，13×15＝195(年後)に絶滅してしまう。よって，最後まで生き残るのは⑤17年周期のセミである。

4　⑴　**【解き方】20分間に並んだ人数と入場した人数を調べる。**

20分間に並んだ人数は，初めに並んでいた100人を含《ふく》めて，100＋５×20＝200(人)である。

20÷８＝２余り４より，20分間にゲートを開いた回数は，最初の１回を含めて，１＋２＝３(回)だから，入場した人数は，50×３＝150(人)である。これは，20分間に並んだ人数より少ないから条件に合う。

⑵　**【解き方】８分間に並ぶ人数が５×８＝40(人)で，８分間に１回ゲートが開くと50人が入場できるから，８分ごとに行列に並ぶ人数は，50－40＝10(人)減る。**

開場してすぐに１度ゲートを開くので，開場してすぐに並んでいる人は100－50＝50(人)である。

ここから８分ごとに10人ずつ減っていくから，50人が減るのは，50÷10×８＝40(分後)である。

⑶　**【解き方】入場ゲートを通過した人数が300人になるのは，(300－50)÷50×８＝40(分後)である。ここから，13分ごとに，行列が５×13－50＝15(人)ずつ増えていく。ただし，行列が100人になるのは13の倍数分になるとは限らない。**

開場してから40＋13＝53(分後)の行列は15人，53＋13＝66(分後)の行列は15＋15＝30(人)，66＋13＝79(分後)の行列は30＋15＝45(人)で，79＋13＝92(分後)までに並んだ人数は45＋65＝110(人)になるから，開場から92分後までに行列の人数は100人をこえている。100－45＝55(人)が並ぶのに55÷５＝11(分)かかるから，行列がふたたび100人に達するのは，開場を始めてから，79＋11＝90(分後)，つまり１時間30分後である。

5 ⑴ ハルさんの手の出し方が３通りあり，その３通りのそれぞれについて，ナツさんの出す手の出し方が３通りずつあるから，２人のじゃんけんの手の出し方は，３×３＝９(通り)

⑵ **【解き方】引き分けがないと10回の勝負で得た２人の得点の合計は３×10＝30(点)になる。引き分けが１回あると，２人の得点の合計は勝負がついたときより３－(１＋１)＝１(点)少なくなるから，引き分けの回数は，(30－27)÷１＝３(回)である。**

よって，ハルさんは勝って15－１×３＝12(点)を得たから，勝った回数は12÷３＝４(回)，引き分けは３回，負けた回数は，10－４－３＝３(回)だから，４勝３敗３引き分け

⑶ **【解き方】引き分けがないこととナツさんのパーの回数が６回で，アキさんのパー以外の回数が６回であることから考える。**

ナツさんがパーを出したとき，アキさんはグーを２回とチョキを４回出しているから，アキさんがパーを出したとき，ナツさんはグーを３回とチョキを１回出したことになる。したがって，アキさんは，グーで２回負け，チョキで４回勝ち，パーで３回勝ちパーで１回負けたから，全部で，７勝３敗でアキさんの勝ちである。

■ ご使用にあたってのお願い・ご注意

（1）問題文等の非掲載

著作権上の都合により，問題文や図表などの一部を掲載できない場合があります。

誠に申し訳ございませんが，ご了承くださいますようお願いいたします。

（2）過去問における時事性

過去問題集は，学習指導要領の改訂や社会状況の変化，新たな発見などにより，現在とは異なる表記や解説になっている場合があります。過去問の特性上，出題当時のままで出版していますので，あらかじめご了承ください。

（3）配点

学校等から配点が公表されている場合は，記載しています。公表されていない場合は，記載していません。

独自の予想配点は，出題者の意図と異なる場合があり，お客様が学習するうえで誤った判断をしてしまう恐れがあるため記載していません。

（4）無断複製等の禁止

購入された個人のお客様が，ご家庭でご自身またはご家族の学習のためにコピーをすることは可能ですが，それ以外の目的でコピー，スキャン，転載（ブログ，ＳＮＳなどでの公開を含みます）などをすることは法律により禁止されています。学校や学習塾などで，児童生徒のためにコピーをして使用することも法律により禁止されています。

ご不明な点や，違法な疑いのある行為を確認された場合は，弊社までご連絡ください。

（5）けがに注意

この問題集は針を外して使用します。針を外すときは，けがをしないように注意してください。また，表紙カバーや問題用紙の端で手指を傷つけないように十分注意してください。

（6）正誤

制作には万全を期しておりますが，万が一誤りなどがございましたら，弊社までご連絡ください。

なお，誤りが判明した場合は，弊社ウェブサイトの「ご購入者様のページ」に掲載しておりますので，そちらもご確認ください。

■ お問い合わせ

解答例，解説，印刷，製本など，問題集発行におけるすべての責任は弊社にあります。

ご不明な点がございましたら，弊社ウェブサイトの「お問い合わせ」フォームよりご連絡ください。迅速に対応いたしますが，営業日の都合で回答に数日を要する場合があります。

ご入力いただいたメールアドレス宛に自動返信メールをお送りしています。自動返信メールが届かない場合は，「よくある質問」の「メールの問い合わせに対し返信がありません。」の項目をご確認ください。

また弊社営業日（平日）は，午前９時から午後５時まで，電話でのお問い合わせも受け付けています。

2025 春

株式会社教英出版

〒422-8054　静岡県静岡市駿河区南安倍３丁目 12-28

TEL　054-288-2131　　FAX　054-288-2133

URL　https://kyoei-syuppan.net/

MAIL siteform@kyoei-syuppan.net

教英出版

神奈川県

①［県立］
- 相模原中等教育学校
- 平塚中等教育学校

②［市立］南高等学校附属中学校
③［市立］横浜サイエンスフロンティア高等学校附属中学校
④［市立］川崎高等学校附属中学校
✿⑤聖光学院中学校
✿⑥浅野中学校
⑦洗足学園中学校
⑧法政大学第二中学校
⑨逗子開成中学校（1次）
⑩逗子開成中学校（2·3次）
⑪神奈川大学附属中学校（第1回）
⑫神奈川大学附属中学校（第2·3回）
⑬栄光学園中学校
⑭フェリス女学院中学校

新潟県

①［県立］
- 村上中等教育学校
- 柏崎翔洋中等教育学校
- 燕中等教育学校
- 津南中等教育学校
- 直江津中等教育学校
- 佐渡中等教育学校

②［市立］高志中等教育学校
③新潟第一中学校
④新潟明訓中学校

石川県

①［県立］金沢錦丘中学校
②星稜中学校

福井県

①［県立］高志中学校

山梨県

①山梨英和中学校
②山梨学院中学校
③駿台甲府中学校

長野県

①［県立］
- 屋代高等学校附属中学校
- 諏訪清陵高等学校附属中学校

②［市立］長野中学校

岐阜県

①岐阜東中学校
②鶯谷中学校
③岐阜聖徳学園大学附属中学校

静岡県

①［国立］静岡大学教育学部附属中学校（静岡·島田·浜松）

②
- ［県立］清水南高等学校中等部
- ［県立］浜松西高等学校中等部
- ［市立］沼津高等学校中等部

③不二聖心女子学院中学校
④日本大学三島中学校
⑤加藤学園暁秀中学校
⑥星陵中学校
⑦東海大学付属静岡翔洋高等学校中等部
⑧静岡サレジオ中学校
⑨静岡英和女学院中学校
⑩静岡雙葉中学校
⑪静岡聖光学院中学校
⑫静岡学園中学校
⑬静岡大成中学校
⑭城南静岡中学校
⑮静岡北中学校

⑯
- 常葉大学附属常葉中学校
- 常葉大学附属橘中学校
- 常葉大学附属菊川中学校

⑰藤枝明誠中学校
⑱浜松開誠館中学校
⑲静岡県西遠女子学園中学校
⑳浜松日体中学校
㉑浜松学芸中学校

愛知県

①［国立］愛知教育大学附属名古屋中学校
②愛知淑徳中学校

③
- 名古屋経済大学市邨中学校
- 名古屋経済大学高蔵中学校

④金城学院中学校
⑤椙山女学園中学校
⑥東海中学校
⑦南山中学校男子部
⑧南山中学校女子部
⑨聖霊中学校
⑩滝中学校
⑪名古屋中学校
⑫大成中学校
⑬愛知中学校
⑭星城中学校
⑮名古屋葵大学中学校
（名古屋女子大学中学校）
⑯愛知工業大学名電中学校
⑰海陽中等教育学校（特別給費生）
⑱海陽中等教育学校（I·II）
⑲中部大学春日丘中学校
新刊⑳名古屋国際中学校

三重県

①［国立］三重大学教育学部附属中学校
②暁中学校
③海星中学校
④四日市メリノール学院中学校
⑤高田中学校
⑥セントヨゼフ女子学園中学校
⑦三重中学校
⑧皇學館中学校
⑨鈴鹿中等教育学校
⑩津田学園中学校

滋賀県

①［国立］滋賀大学教育学部附属中学校

②［県立］
- 河瀬中学校
- 守山中学校
- 水口東中学校

京都府

①［国立］京都教育大学附属桃山中学校
②［府立］洛北高等学校附属中学校
③［府立］園部高等学校附属中学校
④［府立］福知山高等学校附属中学校
⑤［府立］南陽高等学校附属中学校
⑥［市立］西京高等学校附属中学校
⑦同志社中学校
⑧洛星中学校
⑨洛南高等学校附属中学校
⑩立命館中学校
⑪同志社国際中学校
⑫同志社女子中学校（前期日程）
⑬同志社女子中学校（後期日程）

大阪府

①［国立］大阪教育大学附属天王寺中学校
②［国立］大阪教育大学附属平野中学校
③［国立］大阪教育大学附属池田中学校

④[府立]富田林中学校
⑤[府立]咲くやこの花中学校
⑥[府立]水都国際中学校
⑦清風中学校
⑧高槻中学校（A日程）
⑨高槻中学校（B日程）
⑩明星中学校
⑪大阪女学院中学校
⑫大谷中学校
⑬四天王寺中学校
⑭帝塚山学院中学校
⑮大阪国際中学校
⑯大阪桐蔭中学校
⑰開明中学校
⑱関西大学第一中学校
⑲近畿大学附属中学校
⑳金蘭千里中学校
㉑金光八尾中学校
㉒清風南海中学校
㉓帝塚山学院泉ヶ丘中学校
㉔同志社香里中学校
㉕初芝立命館中学校
㉖関西大学中等部
㉗大阪星光学院中学校

兵庫県

①[国立]神戸大学附属中等教育学校
②[県立]兵庫県立大学附属中学校
③雲雀丘学園中学校
④関西学院中学部
⑤神戸女学院中学部
⑥甲陽学院中学校
⑦甲南中学校
⑧甲南女子中学校
⑨灘中学校
⑩親和中学校
⑪神戸海星女子学院中学校
⑫滝川中学校
⑬啓明学院中学校
⑭三田学園中学校
⑮淳心学院中学校
⑯仁川学院中学校
⑰六甲学院中学校
⑱須磨学園中学校(第1回入試)
⑲須磨学園中学校(第2回入試)
⑳須磨学園中学校(第3回入試)
㉑白陵中学校
㉒夙川中学校

奈良県

①[国立]奈良女子大学附属中等教育学校
②[国立]奈良教育大学附属中学校
③[県立] 国際中学校
　　　　 青翔中学校
④[市立]一条高等学校附属中学校
⑤帝塚山中学校
⑥東大寺学園中学校
⑦奈良学園中学校
⑧西大和学園中学校

和歌山県

①[県立] 古佐田丘中学校
　　　　 向陽中学校
　　　　 桐蔭中学校
　　　　 日高高等学校附属中学校
　　　　 田辺中学校
②智辯学園和歌山中学校
③近畿大学附属和歌山中学校
④開智中学校

岡山県

①[県立]岡山操山中学校
②[県立]倉敷天城中学校
③[県立]岡山大安寺中等教育学校
④[県立]津山中学校
⑤岡山中学校
⑥清心中学校
⑦岡山白陵中学校
⑧金光学園中学校
⑨就実中学校
⑩岡山理科大学附属中学校
⑪山陽学園中学校

広島県

①[国立]広島大学附属中学校
②[国立]広島大学附属福山中学校
③[県立]広島中学校
④[県立]三次中学校
⑤[県立]広島叡智学園中学校
⑥[市立]広島中等教育学校
⑦[市立]福山中学校
⑧広島学院中学校
⑨広島女学院中学校
⑩修道中学校
⑪崇徳中学校
⑫比治山女子中学校
⑬福山暁の星女子中学校
⑭安田女子中学校
⑮広島なぎさ中学校
⑯広島城北中学校
⑰近畿大学附属広島中学校福山校
⑱盈進中学校
⑲如水館中学校
⑳ノートルダム清心中学校
㉑銀河学院中学校
㉒近畿大学附属広島中学校東広島校
㉓AICJ中学校
㉔広島国際学院中学校
㉕広島修道大学ひろしま協創中学校

山口県

①[県立] 下関中等教育学校
　　　　 高森みどり中学校
②野田学園中学校

徳島県

①[県立] 富岡東中学校
　　　　 川島中学校
　　　　 城ノ内中等教育学校
②徳島文理中学校

香川県

①大手前丸亀中学校
②香川誠陵中学校

愛媛県

①[県立] 今治東中等教育学校
　　　　 松山西中等教育学校
②愛光中学校
③済美平成中等教育学校
④新田青雲中等教育学校

高知県

①[県立] 安芸中学校
　　　　 高知国際中学校
　　　　 中村中学校

福岡県

①［国立］福岡教育大学附属中学校（福岡・小倉・久留米）
②［県立］育徳館中学校
　　　　門司学園中学校
　　　　宗像中学校
　　　　嘉穂高等学校附属中学校
　　　　輝翔館中等教育学校
③西南学院中学校
④上智福岡中学校
⑤福岡女学院中学校
⑥福岡雙葉中学校
⑦照曜館中学校
⑧筑紫女学園中学校
⑨敬愛中学校
⑩久留米大学附設中学校
⑪飯塚日新館中学校
⑫明治学園中学校
⑬小倉日新館中学校
⑭久留米信愛中学校
⑮中村学園女子中学校
⑯福岡大学附属大濠中学校
⑰筑陽学園中学校
⑱九州国際大学付属中学校
⑲博多女子中学校
⑳東福岡自彊館中学校
㉑八女学院中学校

佐賀県

①［県立］香楠中学校
　　　　致遠館中学校
　　　　唐津東中学校
　　　　武雄青陵中学校
②弘学館中学校
③東明館中学校
④佐賀清和中学校
⑤成穎中学校
⑥早稲田佐賀中学校

長崎県

①［県立］長崎東中学校
　　　　佐世保北中学校
　　　　諫早高等学校附属中学校
②青雲中学校
③長崎南山中学校
④長崎日本大学中学校
⑤海星中学校

熊本県

①［県立］玉名高等学校附属中学校
　　　　宇土中学校
　　　　八代中学校
②真和中学校
③九州学院中学校
④ルーテル学院中学校
⑤熊本信愛女学院中学校
⑥熊本マリスト学園中学校
⑦熊本学園大学付属中学校

大分県

①［県立］大分豊府中学校
②岩田中学校

宮崎県

①［県立］五ヶ瀬中等教育学校
②［県立］宮崎西高等学校附属中学校
　　　　都城泉ヶ丘高等学校附属中学校
③宮崎日本大学中学校
④日向学院中学校
⑤宮崎第一中学校

鹿児島県

①［県立］楠隼中学校
②［市立］鹿児島玉龍中学校
③鹿児島修学館中学校
④ラ・サール中学校
⑤志學館中等部

沖縄県

①［県立］与勝緑が丘中学校
　　　　開邦中学校
　　　　球陽中学校
　　　　名護高等学校附属桜中学校

もっと過去問シリーズ

北海道

北嶺中学校
7年分（算数・理科・社会）

静岡県

静岡大学教育学部附属中学校
（静岡・島田・浜松）
10年分（算数）

愛知県

愛知淑徳中学校
7年分（算数・理科・社会）
東海中学校
7年分（算数・理科・社会）
南山中学校男子部
7年分（算数・理科・社会）
南山中学校女子部
7年分（算数・理科・社会）
滝中学校
7年分（算数・理科・社会）
名古屋中学校
7年分（算数・理科・社会）

岡山県

岡山白陵中学校
7年分（算数・理科）

広島県

広島大学附属中学校
7年分（算数・理科・社会）
広島大学附属福山中学校
7年分（算数・理科・社会）
広島学院中学校
7年分（算数・理科・社会）
広島女学院中学校
7年分（算数・理科・社会）
修道中学校
7年分（算数・理科・社会）
ノートルダム清心中学校
7年分（算数・理科・社会）

愛媛県

愛光中学校
7年分（算数・理科・社会）

福岡県

福岡教育大学附属中学校
（福岡・小倉・久留米）
7年分（算数・理科・社会）
西南学院中学校
7年分（算数・理科・社会）
久留米大学附設中学校
7年分（算数・理科・社会）
福岡大学附属大濠中学校
7年分（算数・理科・社会）

佐賀県

早稲田佐賀中学校
7年分（算数・理科・社会）

長崎県

青雲中学校
7年分（算数・理科・社会）

鹿児島県

ラ・サール中学校
7年分（算数・理科・社会）

※もっと過去問シリーズは
国語の収録はありません。

教英出版
〒422-8054
静岡県静岡市駿河区南安倍3丁目12－28
TEL 054-288-2131
FAX 054-288-2133
詳しくは教英出版で検索
教英出版　検索
URL https://kyoei-syuppan.net/

令和6年度

中村学園女子中学校

入学試験問題
（前期）

国語

〔試験時間50分〕

注　　意

1．この問題用紙は、「はじめ」の合図があるまで、開いたり書いたりしてはいけません。
2．答えはすべて解答用紙に記入しなさい。
3．問題を読むときには、声を出してはいけません。
4．何かあるときには、静かに手をあげて先生にたずねなさい。
（問題の内容についての質問はできません。）
5．「やめ」の合図があったら鉛筆を置き、解答用紙を裏返しにして、指示を待ちなさい。

2024(R6) 中村学園女子中
K 教英出版

一

次の【文章Ⅰ】と【文章Ⅱ】はともにコミュニケーションについて論じた文章です。二つの文章を読んで後の問いに答えなさい。（字数制限のある場合は、句読点や記号なども字数に含む。設問の都合上、原作の表現の一部を変更している。）

【文章Ⅰ】

お詫び
著作権上の都合により、文章は掲載しておりません。
ご不便をおかけし、誠に申し訳ございません。
教英出版

お詫び
著作権上の都合により、文章は掲載しておりません。
ご不便をおかけし、誠に申し訳ございません。
教英出版

（加賀野井秀一『言葉から何を学ぶか』より）

【文章Ⅱ】

お詫び
著作権上の都合により、文章は掲載しておりません。
ご不便をおかけし、誠に申し訳ございません。
教英出版

（橋爪大三郎『社会は「言語ゲーム」でできている』より）

※注

ツーカー…互いに気心が知れていて、ひとこと言っただけですぐその内容が通じてしまうこと。

分衆…分割された大衆のこと。

婉曲…はっきりした表現をさけて、遠回しにいうさま。

テクスト…書物などの本文。文章のひとまとまり。

コンテクスト…文章の前後のつながり。文脈。

聖典…その宗教の教義・戒《かい》律などを記した書。

問一　二重傍線部**a**～**e**のカタカナは漢字に直し、漢字はその読みをひらがなで答えなさい。

問二　［　Ｘ　］に入る言葉を考えて答えなさい。

問三　傍線部①「以心伝心」とありますが、次の四字熟語の空欄には「以心伝心」の「心」のように、同じ漢字が使われています。その漢字をそれぞれ答えなさい。

(1)　□信□疑　　(2)　□平□満

問四　［Ｙ］に入る表現として最も適切なものを次のア～エから一つ選び、記号で答えなさい。

ア　二兎《と》を追うものは一兎をも得ず

イ　百害あって一利なし

ウ　百聞は一見にしかず

エ　一を聞いて十を知る

問五　傍線部②「両者は、似て非なるものです」とありますが、両者の違いを説明したものとして、最も適切なものを次のア～エから一つ選び、記号で答えなさい。

ア　前者は少ない言葉で相手に気持ちを伝える能力を高めた高度なコミュニケーションであるが、後者は同じ言葉を繰《く》り返して、一言だけで会話を成り立たせるコミュニケーションである。

イ　前者は少ない言葉でも相手の気持ちや考えを理解している高度なコミュニケーションであるが、後者は相手との心のやり取りに重きをおかない雑なコミュニケーションである。

ウ　前者は俳句の精神のように、自然や伝統文化への理解を基に成立しているコミュニケーションであるが、後者は流行語や若者言葉を不必要に用いた幼稚《ち》なコミュニケーションである。

エ　前者は相手が何を考えているかを正確に理解して気持ちを伝えようとしているが、後者は自分の言いたいことをただ一方的に伝えるだけの、独りよがりなコミュニケーションである。

問六　傍線部③「このやり方」を説明したものとして、最も適切なものを次のア～エから一つ選び、記号で答えなさい。

ア　コミュニケーションにおいて言葉を重要視しないこと

イ　話す相手に自分の考えをしっかりと伝えること

ウ　言葉とそれ以外の情報をバランスよく使うこと

エ　相手と自分の考え方の違いをきちんとつかむこと

問七　傍線部④「コンテクストの共有は壊れてきている」とありますが、その理由を【文章Ⅰ】の中から探し、文中の言葉を使って五十字以内で答えなさい。

問八 【文章Ⅰ】の筆者と【文章Ⅱ】の筆者に共通する考えとして、最も適切なものを次のア～エから一つ選び、記号で答えなさい。

ア 最近の日本人は少ない言葉で気持ちを伝える豊かな表現力を失い、決まり切った言い回しや言葉そのままの意味で自分の考えを伝えるようになっている。

イ 「以心伝心」や「言わなくてもわかる」という、言葉以外のやりとりを重んじる感性は日本人特有のものであり、これからも守っていかなければならない。

ウ 日本人は元来、言葉を用いなくても他者の気持ちを理解したり、自分の考えを伝えることを重視していたが、最近ではその共通理解がそこなわれつつある。

エ その場の空気や顔色といった間接的な情報を用いたコミュニケーションは、異文化圏《けん》の人たちとの交流が必要となる国際社会にはそぐわない考えである。

問九 次にあげるのは、本文を読んだ生徒たちと教師が交わした会話です。これを読んで、後の問い(1)・(2)に答えなさい。

教　師「日本語の表現には、ひかえめにけんそんしたり、相手の気持ちに配慮《りょ》してあえてあいまいな表現をしたりすることがあるよね。君たちはそんな表現を聞いたことがあるかな。」

生徒A「先生、この間ぼくの父が在宅ワーク中に、電話口では相手の人に『検討いたします』って何回も言ってたんですけど、電話を切った後に、『他の会社に決まっているんだけどなあ……』って独り言を言ってたんです。」

生徒B「先生、この間私の祖母、手作りのおまんじゅうをおとなりの方にあげてたんです。その時祖母が『お口汚しですが……』といいながらわたしてたんです。面白い言い方をするなあ、って思ったんです。」

生徒C「そういえば、私のお母さんも『つまらないものですが……』っていいながら、贈り物をすることがあったよ。『つまらないもの』なんか相手は欲しくないのに、何でそんなものあげたんだろう。」

生徒D「ぼくのおねえちゃん、おいしいものを食べても、かっこいい音楽聞いても、こわい目にあった時でも、いつも『ヤバい、ヤバい』って言うんですよ。」

教　師「あっはっは、みんなよく観察しているね。」

(1)　生徒A～Dであげられた例の中から、①けんそんした表現をしたもの、②あいまいな表現をしたもの　にあたるものをすべて選び、それぞれA～Dの記号で答えなさい。（ただし、すべてがあてはまるとは限らない）

(2)　生徒Cの発言中の「つまらないものですが…」を、文化が違う相手に対しても誤解をあたえずに伝えるために、言い方をかえるとしたら、どのような表現にすればよいでしょうか。自分で考えて自由に答えなさい。

※　問題は次ページに続きます。

二

次の文章を読んで後の問いに答えなさい。（字数制限のある場合は、句読点や記号なども字数に含む。設問の都合上、原作の表現の一部を変更している。）

茉莉《まり》は八年間住み込《こ》みで働いたが、伯父《おじ》の家で暮らしていた祖母の体調が悪くなり、引き取るために独り立ちをすることにした。

銀行aヅトめだった伯父は、わずか五年で※公職追放が解除され復帰したのに、結局一度も茉莉を引き取るとは言ってくれなかった。茉莉が祖母を引き取るときも、自分の母親がどこに暮らすことになるのか、①その住所さえたずねなかったことに、茉莉は気づいていた。

けれども、久しぶりに見た伯父の頭は白くなり、顔には深くしわが寄っていた。もうこのX敷居《しきい》をまたぐことは二度とないと思いつつ、祖母を連れて伯父の家を出た茉莉だったが、一年もしないうちに伯父は亡くなり、［A］の弱った祖母を支えて、葬列《そうれつ》に加わった。《ア》

茉莉の独り立ちに、伯父からはもちろん、ほかの親戚《しんせき》からも援助《えんじょ》はなかったが、なじみの客が借金のbホショウ人になってくれた。とんとん拍子《びょうし》に話はすすみ、元町《もとまち》商店街の外れに店を開くことができた。

はじめは経費を抑《おさ》えるために、田舎から出てきた中卒の子を住み込みで雇《やと》い、ほとんどひとりで働いた。この子たちもいずれは独立させるために、夜間の専門学校に入れ、美容師免許《めんきょ》も取らせなければならないので大変だった。茉莉は娘《むすめ》を育てるつもりで気長に教えた。お客さんの髪《かみ》の洗い方やカールの巻き方以前に、箸《はし》の持ち方、ほうきのかけ方、雑巾《ぞうきん》のしぼり方から教えなくてはならない娘たちばかりだった。※職業安定所を通して雇ったが、他の店では三ヵ月ももたないで辞めていくらしく、職業安定所の職員が店を見に来たことがあった。

「②おたくの店だけですよ。こんなに辞めないで定着してるの」

職員は茉莉をほめた。

駅から遠く、立地条件は悪かったが、それでも元町と銘《めい》打って看板を出せたことがc幸いしたのか、茉莉の［B］がよかったのか、元町の奥《おく》さんたちが常連客になってくれ、店は繁盛《はんじょう》した。雇った娘たちもみな、育つといい子ばかりで、新しい店舗《てんぽ》を出すたびに、彼女たちを店長にして店をまかせることができた。

だれもがおしゃれをすることに飢《う》えていた。※高度経済成長の波に乗り、気がつくと元町を中心に、神奈川、東京、千葉に八店舗を持つほどになっていた。

祖母と二人で暮らしはじめてから十年後、祖母が老衰《ろうすい》で息を引きとった。茉莉にとって、自分の最後の肉親の死だった。《イ》

葬儀《そうぎ》には、どこで聞いたのか、※清三《せいぞう》が訪ねてきてくれた。白楽にあった祖母の家で別れてから、初めての再会だった。

茉莉が焼け跡《あと》で弁当を盗《ぬす》んできてくれたときのことを話すと、清三はおぼえていなかった。

「ぼく、そんなことしたかな」

清三はそう言ってわらった。

茉莉は清三から、※勝士《かつじ》が結婚《けっこん》し、こどもも三人いることを知らされた。

「かっちゃんに伝えてくれる？ おめでとうって。それから」

茉莉は、夜の川べりの道を二人で歩いたときのことを思いだしていた。

「わたしが生まれたときのことをおぼえていてくれて、ありがとうって」

待ち望まれて生まれてきたわたし。だれよりも愛されて生まれてきたわたし。

おぼえてくれていた人のおかげで、それは茉莉にとって、かけがえのない記憶になった。

それから、茉莉は社会福祉《ふくし》事業にも［ C ］を出した。介護《かいご》が必要で店に来られない高齢《こうれい》者や障碍《しょうがい》者の家を訪問して散髪《さんぱつ》をしたり、児童養護施設《しせつ》にボランティアで入所児童の散髪に通ったりした。《ウ》

茉莉は初めて児童養護施設をd訪れたとき、空襲《くうしゅう》のない今の時代にも、施設に入れられて、親に育ててもらえない子がいることを知っておどろいた。自分の入所していた地獄《じごく》のような施設は閉鎖《へいさ》され、なくなっていたことには安堵《あんど》した。しかし数は減ったとはいえ、施設は存在し、親に育ててもらえないこどもたちの家となっていた。

茉莉はある日、スタッフがこどもたちの髪を切っている間、園庭でこどもたちと遊んだ。一番小さい子は二歳《さい》ぐらいだった。大きいお兄ちゃんやお姉ちゃんにはさまれ、その女の子は転んだ。泣くだろうと思ってそばに寄っていったが、女の子は泣かず、自分で立ちあがった。茉莉はのばした手を引っこめた。

「あの子はどういう子なんですか。小さいのにずいぶん強い子ですね」

茉莉が施設の職員にたずねると、中年の女性職員は「ああ」とうなずいた。

「生まれたときからここにいる子なんですよ。eスてられてたので身寄りがない子で。強いというか、泣かないんですね。手がかからない、いい子ですよ」

茉莉はおどろいて職員の顔を見た。泣かないから手がかからない、いい子。

③茉莉にはちがうとわかった。

茉莉は女の子のそばに行ってわらいかけた。女の子はひざをすりむいていた。真っ赤な血がにじみ、珊瑚《さんご》の粒《つぶ》のように丸く光っていた。

ああ、この子は泣くことを忘れている。

④茉莉にはわかった。

焼け跡にいた、自分みたいに。《エ》

茉莉は女の子のそばにしゃがみ、その顔を見上げた。女の子の大きな澄《す》んだ目は、まばたきもしなかった。

「痛いでしょう」

茉莉はきいたが、女の子は茉莉の目をみつめかえすばかりだった。

「泣かなきゃだめよ」

茉莉は言っていた。

この子は泣かなくてはいけない。この子を泣かせたい。

「お名前はなんていうの?」

「うたこ」

歌子は答えた。茉莉は歌子を引き取った。それからうたと呼んで育てた。

茉莉はうたのために、山手に家を買い、引っ越《こ》した。芝生《しばふ》の庭に、色とりどりのばらが咲《さ》いていた。白い壁《かべ》に緑色の屋根の洋館だった。猫《ねこ》も飼うようになった。買ってきたわけではなく、庭に迷いこんできた猫だった。

茉莉はこどものころ、自分がいつもよく泣いていたことをおぼえていた。泣いたらきまって朝比奈の母※に、「茉莉ちゃんは歌が上手だねー」と言ってもらった。いつでも泣いてよかった。泣きたいときにいつでも抱きつけるお膝《ひざ》があった。《オ》

茉莉はうたにも、いつでも泣いていいんだよということを教えてやりたかった。けれども、うたは階段から落ちても、ばらのとげを刺《さ》しても、泣かなかった。

茉莉は辛抱《しんぼう》強く見守った。洋館にはアップライト※のピアノが残されており、茉莉が弾《ひ》くと、うたも興味を持って寄ってきた。ピアノを弾くのは施設を出て以来だった。茉莉はうたに歌を歌ってやりながら、一緒《いっしょ》にピアノを弾いて遊んだ。

うたが初めて泣いたときには、もう一年がたっていた。庭から聞いたことのない声がした。茉莉は犬の声でも猫の声でもないその声に、なんだろうと庭に出ていった。

そのとたん、うたが茉莉の腰《こし》にしがみついてきた。わあわあと泣きながら茉莉に抱きついてきた。抱きついたまま泣きつづけていた。

うたは、茉莉が庭の柘榴《ざくろ》の木に作ってやったばかりのブランコから飛びおりてつんのめり、おでこをすりむいたのだった。

茉莉はぼうっと熱いほどのうたの体温を感じながら、うたを抱きしめていた。うたのおでこににじんだ血が、茉莉の白いエプロンに赤いしみをつくった。うたは茉莉の［D］の中で泣きつづけていた。

⑤茉莉はそのとき、自分がうたの親になれたことを知った。

（中脇初枝『世界の果てのこどもたち』より）

※注

公職追放…戦後、戦争責任者、国家主義団体幹部などの戦争協力者を公職から追放、排《はい》除したこと。

職業安定所…職業の紹介《しょうかい》や職業訓練などを無料で行う公共の機関。

高度経済成長…一九六〇年代、日本が急速な経済成長をとげたこと。

清三、勝士…幼いころ茉莉の家のななめ向かいの家に住んでいた朝比奈家の兄弟。茉莉の家と朝比奈家は家族ぐるみの付き合いで、両家でただ一人の女の子であった茉莉は周囲に非常にかわいがられていた。昭和二〇年五月二十九日の横浜《よこはま》大空襲《しゅう》で茉莉の両親も朝比奈家の両親も亡くなった。約十年後に再会した勝士は茉莉に求婚《こん》したが、自分は幸せになってはいけないと感じている茉莉は求婚を断った。

朝比奈の母…清三、勝士の母。茉莉をとてもかわいがっていた。

アップライトのピアノ…グランドピアノに対して、直立した共鳴箱の中に弦《げん》をたてに張ったたて型のピアノ。

問一　二重傍線部a～eのカタカナは漢字に直し、漢字はその読みをひらがなで答えなさい。

問二　二重傍線部X「敷居」について、

(1)　左の【図】中のあ～おから「敷居」を選び、記号で答えなさい。

(2)　「敷居」を用いた慣用表現に用いられる語として適切なものを次のア～エから一つ選び、記号で答えなさい。

ア　たたく　　イ　くぐる　　ウ　高い　　エ　新しい

【図】

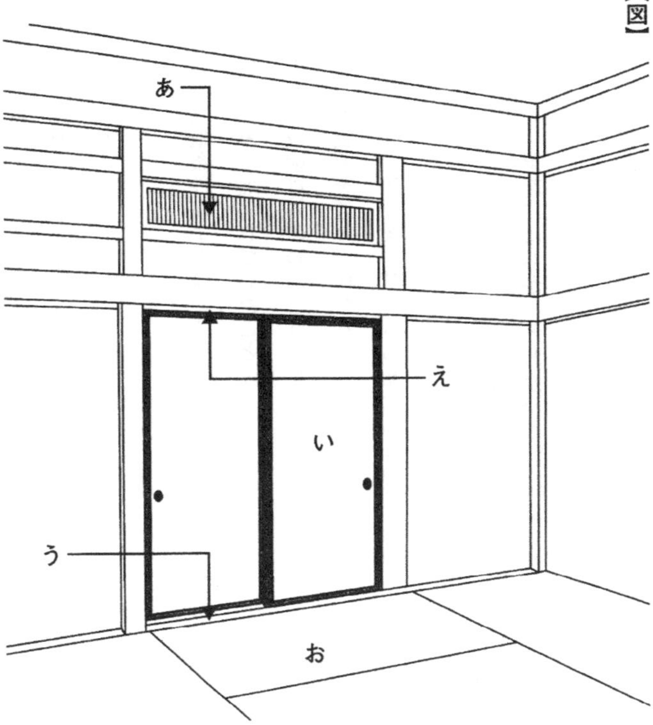

問三　空欄 A ～ D にあてはまる語を次のア～オからそれぞれ一つずつ選び、記号で答えなさい。ただし、同じ記号は一度だけ使うこと。（同じ記号を二度以上使った場合は、すべてを不正解とする。）

ア　目　　イ　胸　　ウ　手　　エ　腕《うで》　　オ　足

問四　本文には次の一文が欠落している。この文をおぎなうのに最も適切な箇《か》所を本文中の《ア》～《オ》から一つ選び、記号で答えなさい。

わたしが幼いころのことを知っている人は、もうだれもいなくなった。

問五　傍線部①「その住所さえたずねなかった」について説明した次の文章の空欄 □ にあてはまる表現を、五字以上十字以内で考えて書きなさい。

> 「その住所さえたずねなかった」とは、伯父が自分の母親が暮らすことになる住所さえもたずねなかった、まして自分の母親がこれから □ 生活していくのかをたずねなかった、ということをそれとなく示している。

問六　傍線部②について、茉莉の店で働く娘たちが「辞めないで定着して」いる理由として最も適切なものを次のア〜オから一つ選び、記号で答えなさい。

ア　店の立地条件がよかったこと

イ　住み込みで雇われていたこと

ウ　美容の技術以外のめんどうも見てもらえたこと

エ　職業安定所を通して雇われたこと

オ　店長として店をまかせてもらえたこと

問七　傍線部③「茉莉にはちがうとわかった」、④「茉莉にはわかった」とあるが、これらを説明した次の文章の空欄［　Ⅰ　］、［　Ⅱ　］にあてはまる最も適切な表現を、Ⅰは十一字、Ⅱは十字で本文中からそれぞれ抜き出して答えなさい。

施設の職員はこの子が泣かないのを、［　Ⅰ　］だととらえているが、そうではなく、この子は、実の両親も朝比奈の両親も一度になくして焼け跡にたたずんでいた自分と同じで、［　Ⅱ　］のだと茉莉にはわかったということ。

問八　傍線部⑤「茉莉はそのとき、自分がうたの親になれたことを知った」とあるがそれはなぜか、説明しなさい。

問九　この文章の特徴《ちょう》の説明として適切なものを次のア〜カから二つ選び、記号で答えなさい。

ア　前半では主人公が親戚《せき》に冷たくされるのはしかたがないこととして受け入れる様子を、テンポのよい明解な表現を用いて明るく描《えが》いている。

イ　前半では主人公が苦労して自立し社会的な成功を手に入れる過程を、感情を表す言葉をほとんど使わず読者の想像に任せる形で描いている。

ウ　前半では主人公が戦争のせいで生き別れになった最愛の人の消息を知った複雑な気持ちを、情感豊かな会話を通して生き生きと描いている。

エ　後半では主人公が幼いころの幸せな記憶《おく》を心の支えに昔の自分を思い出させる子どもを引き取り育てる様子を、ていねいに描いている。

オ　後半では主人公があせりやもどかしさを感じながらも心を開こうとしない子どもにがまんする様子を、やさしくおだやかに描いている。

カ　後半では主人公がペットや歌やピアノなど気に入りそうなやり方で子どもの機嫌《げん》をとっている様子を、わかりやすい言葉で描いている。

令 和 6 年 度

中村学園女子中学校

入 学 試 験 問 題
（ 前 期 ）

算 数

〔試験時間 50 分〕

注　　意

1．この問題用紙は、「はじめ」の合図があるまで、開いたり書いたりしてはいけません。
2．答えはすべて解答用紙に記入しなさい。解答用紙は２枚あります。
3．問題を読むときには、声を出してはいけません。
4．何かあるときには、静かに手をあげて先生にたずねなさい。
（問題の内容についての質問はできません。）
5．「やめ」の合図があったら鉛筆を置き、解答用紙を裏返しにして、指示を待ちなさい。

1 次の計算をしなさい。

(1) $8-2\times3+4$

(2) $10-2\times(7-3)\div4$

(3) $\dfrac{3}{10}\div0.9\times\dfrac{5}{8}$

(4) $\dfrac{1}{2\times3}+\dfrac{1}{3\times4}+\dfrac{1}{4\times5}+\dfrac{1}{5\times6}$

(5) $0.3\times\left\{\dfrac{1}{5}+\left(1\dfrac{1}{2}-0.3\right)\times4\right\}\div0.5$

2 次の問いに答えなさい。

(1) 24 と 20 の最小公倍数はいくつですか。

(2) 5.6 kg は 400 g の何倍ですか。

(3) 分速 60 m で歩く人が 5 時間歩くと何 km 進みますか。

(4) 3つの数A，B，Cがあります。A：B＝5：12，B：C＝32：35であり，Aと Cの和は1595です。このとき，Bはいくつですか。

(5) 1，1，2，1，2，3，1，2，3，4，1，2，3，4，5，1，2，3，…… のように数字が規則的に並んでいます。40番目の数はいくつですか。

(6) 20％の食塩水600gに10％の食塩水400gをまぜると食塩水の濃度は何％になりますか。

(7) 5個の異なる偶数があります。この5個の偶数の平均は10でした。いま，一番大きい偶数を除いた4個の偶数の平均を計算すると9となり，一番小さい偶数を除いた4個の偶数の平均を計算すると11になりました。この5個の偶数の小さい方から2番目の数字はいくつですか。

(8) 次の図のように，1辺6cmの正方形と直径6cmの半円を重ねました。このとき，斜線部分の面積は何cm^2ですか。
ただし，円周率は3.14とします。

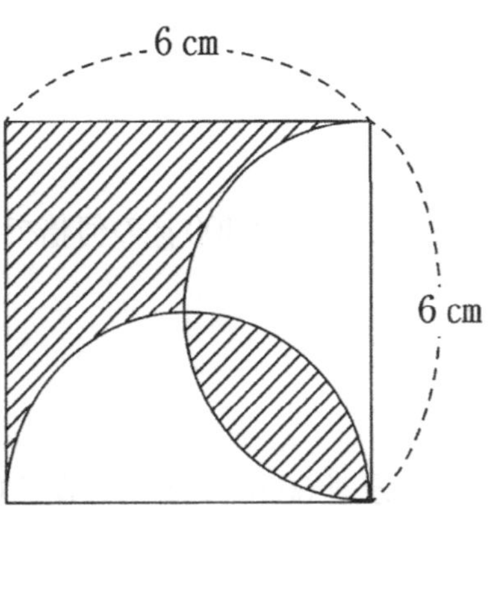

(9)　次の図は，正方形と2つの正三角形を組み合わせてつくった図形です。
アの角の大きさを求めなさい。

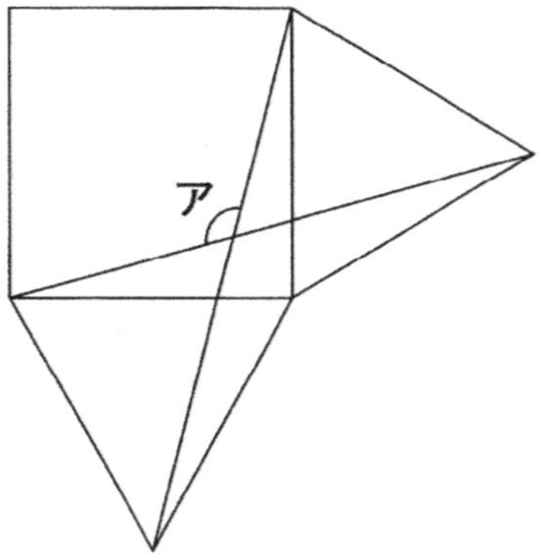

(10)　次の図の立方体の表面積は $36\ \mathrm{cm}^2$ です。この立方体を図のように8つの同じ大きさの立方体に切り分けます。切り分けてできる8つの立方体の表面積の合計は何 cm^2 ですか。

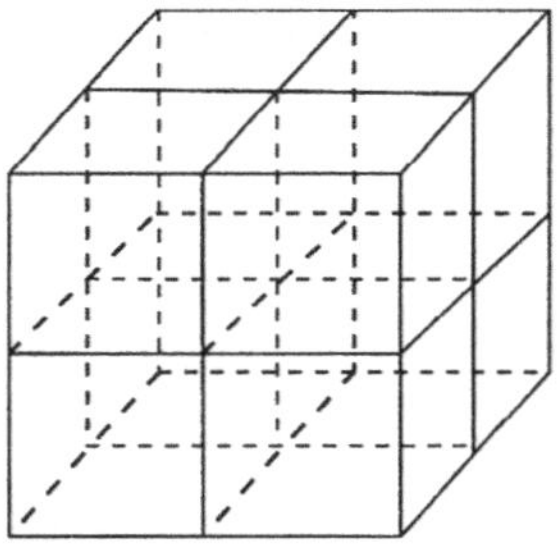

3　A市の月々の水道料金は，以下の①～④の料金の合計によって決まります。

① 基本料金（水道を使っても使わなくてもかかる料金）1500円

② 使用量20 m^3 以下の分は1 m^3 につき50円

③ 使用量20 m^3 を超《こ》えて100 m^3 以下の分は1 m^3 につき150円

④ 使用量100 m^3 を超える分は1 m^3 につき200円

例えば，使用量が30 m^3 の月の水道料金は4000円で，使用量が150 m^3 の月の水道料金は24500円です。このとき，次の問いに答えなさい。

(1) 使用量が17 m^3 の月の水道料金はいくらですか。

(2) 水道料金が3100円であった月の使用量は何 m^3 ですか。

(3) B市の月々の水道料金は，基本料金が1000円であり，使用量1 m^3 につき追加で150円かかります。B市の水道料金がA市より高くなるのは，使用量が何 m^3 より多く何 m^3 より少ないときですか。なお，この問題は解答までの考え方を表す式や文章・図なども書きなさい。

4　ある店では，1個100円のパンを売っています。このパンにはポイントシールが1枚ついていて，6枚で同じパン1個と交換《こうかん》することができます。このとき，次の問いに答えなさい。ただし，消費税は考えないものとします。

(1)　20個のパンを買ったとき，ポイントシールで何個のパンと交換することができますか。また，交換した後のポイントシールは，交換したパンについている分も合わせて，全部で何枚ありますか。

(2)　5000円で，最大何個のパンを手に入れることができますか。

(3)　100個のパンを手に入れるには，最低いくら必要ですか。

5 2つの整数AとBについて，AからBまで続いた整数の和を［A，B］で表すことにします。ただし，BはAより大きい整数とします。
例えば，［6，10］＝6＋7＋8＋9＋10＝40 となります。このとき，次の問いに答えなさい。

(1) ［11，14］はいくつになりますか。

(2) ［1，13］＋［12，20］－［1，20］を計算するといくつになりますか。

(3) ［1，C］＋［D，30］－［1，30］＝30 が成り立つ整数C，Dの組み合わせは全部で何組ありますか。なお，この問題は解答までの考え方を表す式や文章・図なども書きなさい。

令 和 6 年 度

中村学園女子中学校

入 学 試 験 問 題
（ 前　期 ）

理　科

〔試験時間 40 分〕

注　　意

1．この問題用紙は、「はじめ」の合図があるまで、開いたり書いたりしてはいけません。
2．答えはすべて解答用紙に記入しなさい。
3．問題を読むときには、声を出してはいけません。
4．何かあるときには、静かに手をあげて先生にたずねなさい。
（問題の内容についての質問はできません。）
5．「やめ」の合図があったら鉛筆を置き、解答用紙を裏返しにして、指示を待ちなさい。

1

アサガオの花を用いて，受粉させた花と受粉させなかった花の変化を調べるため，次のような【実験】を行いました。あとの問１～３に答えなさい。

【実験】１．アサガオのつぼみを２つ（アサガオ①，②）用意し，図のようにつぼみの横の部分を切って開き，ピンセットでおしべを取った後，それぞれの花全体に透明なポリエチレンのふくろをかぶせる。

２．次の日，花が開いたら，アサガオ①に，別に用意したアサガオのおしべを使って受粉させ，またポリエチレンのふくろをかぶせる。アサガオ②はふくろをかぶせたままにしておく。

３．約１週間後，花がしぼんだのを確認してふくろを取り，実ができたかを調べる。

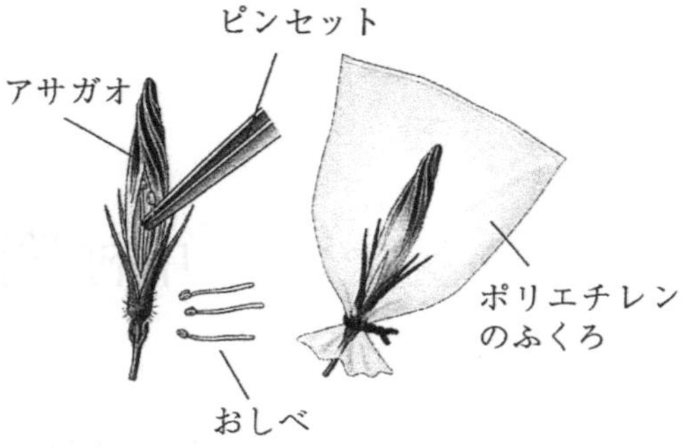

図

【結果】アサガオ①には実ができ，アサガオ②は実ができなかった。

問１　【実験】で，花全体にポリエチレンのふくろをかぶせたのはなぜですか。簡単に説明しなさい。

問２　【結果】より，アサガオ①の実の中には黒っぽいつぶができていました。黒っぽいつぶは何ですか。**漢字２字**で答えなさい。

問３　スイカなどの温室栽培《さいばい》では，温室内にミツバチを放している場合があります。ミツバチを放している理由として，正しいものを次の**ア**～**エ**から１つ選び，記号で答えなさい。

ア　ミツバチが花のみつを集めにくることで，スイカがより甘《あま》くなるようにするため。
イ　ミツバチが花のみつを集めにくることで，ミツバチの体がおしべに触《ふ》れて動き，花粉がめしべにつくようにするため。
ウ　ミツバチが花にみつを運んでくることで，スイカがより甘くなるようにするため。
エ　ミツバチが花にみつを運んでくることで，ミツバチの体がおしべに触れて動き，花粉がめしべにつくようにするため。

2　花さんは登山に行ったとき，Aの山の頂上からBの山に向かって大きな声を出すと，声がBの山ではね返って，花さんのもとに返ってきました。このような現象をやまびこといいます。図1はそのときのようすを表したものです。あとの問1～3に答えなさい。

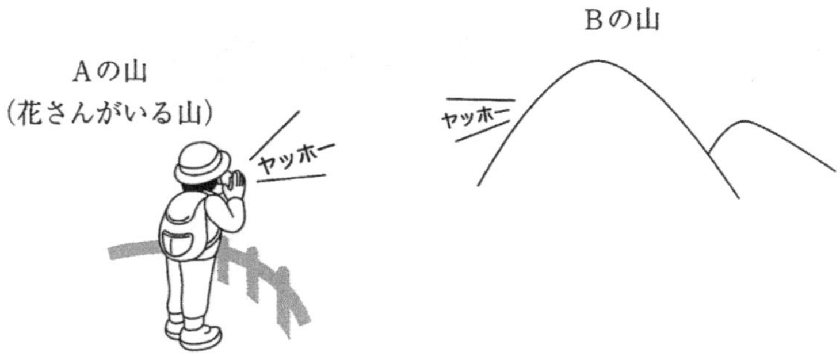

図1

問1　音は，まわりのものをふるえさせることで伝わります。花さんが山に向かって声を出したとき，花さんの声は何をふるえさせて山まで伝わりますか。ふるえさせるものの名前を答えなさい。

問2　花さんが声を出してから，やまびことなって花さんのもとに返ってくるまで4秒かかりました。花さんのいるAの山からBの山までの距離《きょり》は何mですか。ただし，音は1秒間に340m進むものとします。

問3　図2のように，花さんのいるAの山とBの山の間にあるCの丘にいる人が大きな声を出したとき，その人の声がBの山に伝わりAの山までやまびことなって返ってきました。

花さんがその人の声を直接聞いてから，Bの山からやまびことなって返ってきた声を花さんが聞くまで3秒かかりました。Cの丘からBの山までの距離として正しいものをあとのア～エから1つ選び，記号で答えなさい。ただし，音は1秒間に340m進むものとします。

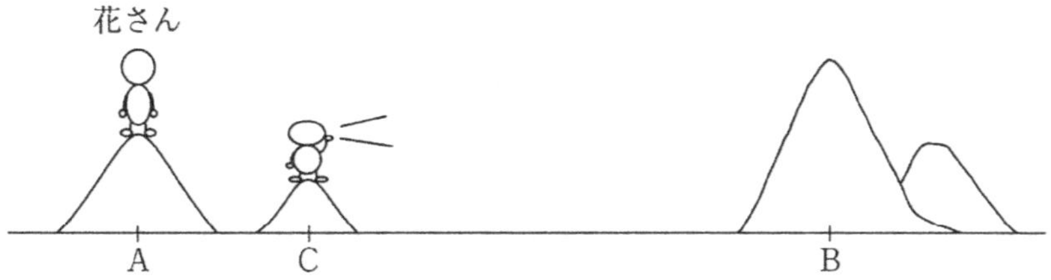

図2

ア　170m　　イ　255m　　ウ　340m　　エ　510m

3　春子さんは地層や地形について興味をもったため，春子さんの住んでいる近所の川の上流から下流までを調査することにしました。図１は川の上空からのようす，図２は地層がむき出しになっているがけのようすを表したものです。あとの問１～５に答えなさい。

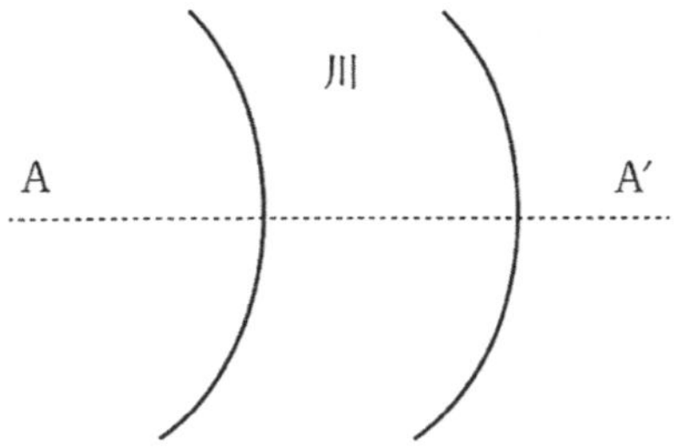

図１

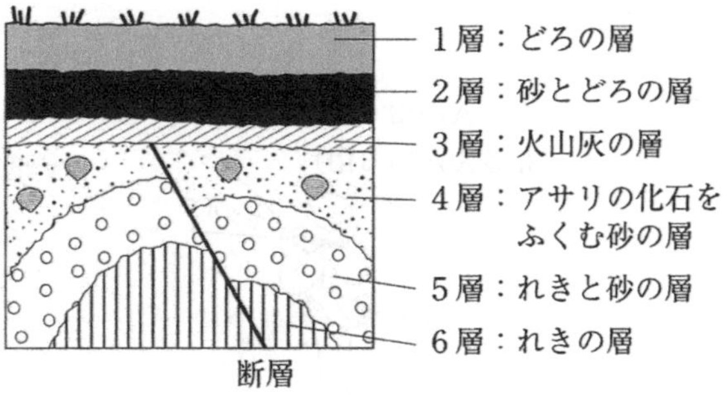

図２

問１　図１の川を線A－A′を通る線で切った時の断面図として，正しいものを次の**ア**～**ウ**から１つ選び，記号で答えなさい。

ア

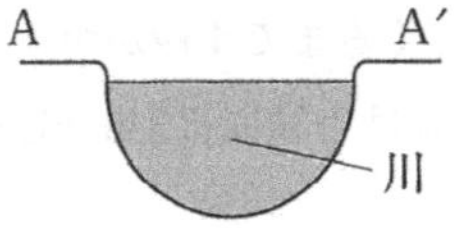

イ

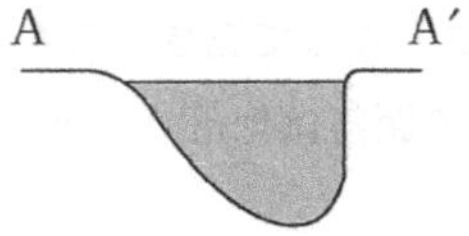

ウ

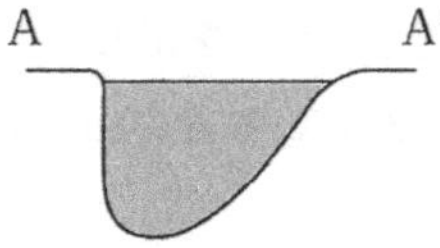

問２　図２の１～６層について述べた文のうち，正しいものを次の**ア**～**エ**から１つ選び，記号で答えなさい。

ア　１層は，６層に比べて，地層をつくっているつぶの大きさが小さい。
イ　２層は，角ばった形の石が多い。
ウ　３層は，丸みを帯びた形の石が多い。
エ　４層ができた当時，この場所は深い海であった。

問３　図２の断層ができたのはどの時期と考えられますか。正しいものを次の**ア**～**オ**から１つ選び，記号で答えなさい。

ア　３層ができて２層ができる前
イ　４層ができて３層ができる前
ウ　５層ができて４層ができる前
エ　６層ができて５層ができる前
オ　６層ができる前

問4　図2の地層ができる過程で起こったと考えられるでき事を述べた文のうち，正しいものを次の**ア**～**エ**から1つ選び，記号で答えなさい。

ア　押し合う力によって，断層ができた。
イ　引っ張り合う力によって，5層・6層が波打つように曲がった。
ウ　この地層がたい積している間，この地域の海の深さは深くなっていった。
エ　火山が噴火した後に4層がたい積した。

問5　春子さんの住んでいる近所の砂浜では，アオウミガメが産卵することで有名です。産卵の場所である砂浜は流れる水のはたらきによってできています。近年，地球温暖化により，アオウミガメのはんしょくに不都合が生じているといわれています。これについて述べた次の文章中の [1] ～ [4] に入る語の組み合わせとして，正しいものを下の**ア**～**ク**から1つ選び，記号で答えなさい。

アオウミガメは産卵された砂浜の温度でオスに生まれるか，メスに生まれるかが決まります。ある基準の温度よりも高いとメスに，低いとオスになります。近年，地球温暖化により，例年に比べ砂浜の温度が [1] ，ほとんど [2] として生まれて，はんしょくに不都合が生じているといわれています。また，海水面が [3] ことで，砂浜が [4] いることも影響《えいきょう》としてあげられています。このように，地球温暖化によって多くの生物に影響が出てくることが心配されています。これは，世界全体の問題であることから，世界各国で協力し，解決していくことが求められています。

	1	2	3	4
ア	上がり	オス	上がる	減って
イ	上がり	オス	下がる	増えて
ウ	上がり	メス	上がる	減って
エ	上がり	メス	下がる	増えて
オ	下がり	オス	上がる	減って
カ	下がり	オス	下がる	増えて
キ	下がり	メス	上がる	減って
ク	下がり	メス	下がる	増えて

4　うすい塩酸にアルミニウムを入れると，どのような変化が起こるかを調べるために，次の【実験１】，【実験２】を行いました。あとの問１～４に答えなさい。

【実験１】　図１のように，うすい塩酸50cm³を入れたビーカーにアルミニウムを入れると，気体が発生した。

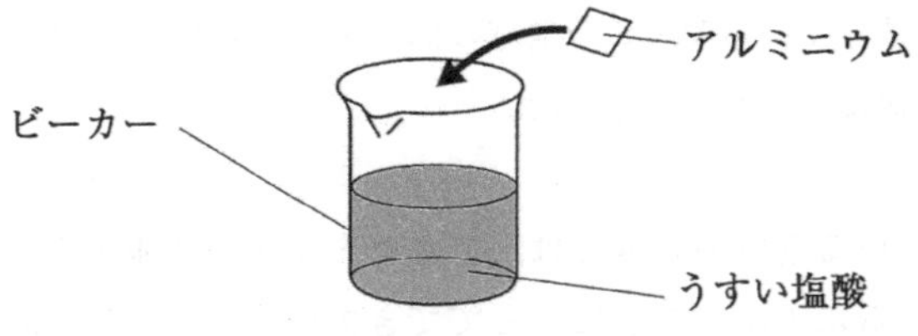

図１

問１　【実験１】で発生した気体の性質として，正しいものを次の**ア**～**オ**から１つ選び，記号で答えなさい。

ア　水にとけやすい。
イ　石灰水を白くにごらせる。
ウ　空気より軽い。
エ　ものを燃やすはたらきがある。
オ　鼻をつく強いにおいがする。

問２　【実験１】でアルミニウムをうすい塩酸に入れてしばらくたった後，残ったよう液を蒸発皿にとり，水分を蒸発させました。水分を蒸発させた後の蒸発皿のようすを説明したものとして，正しいものを次の**ア**～**エ**から１つ選び，記号で答えなさい。

ア　何も残らない。
イ　光たくのあるものが残る。
ウ　黒いものが残る。
エ　白いものが残る。

【実験２】　色々な重さのアルミニウムを，【実験１】と同じ濃《こ》さのうすい塩酸50cm^{3}に入れ，入れたアルミニウムの重さ〔g〕と発生した気体の体積〔L〕の関係を調べ，グラフにすると図２のようになった。

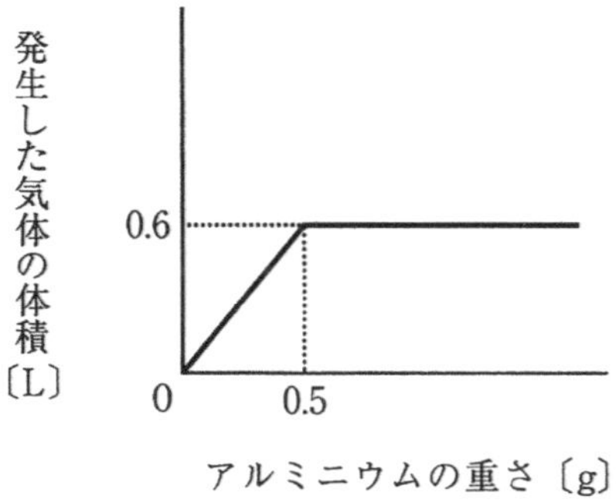

図２

問３　【実験２】で0.3gのアルミニウムを入れたとき，発生した気体の体積は何Lですか。

問４　この【実験２】で用いたうすい塩酸を２倍に濃くしたもの50cm^{3}をビーカーに入れ，その中に色々な重さのアルミニウムを入れたときに発生する気体の体積を調べました。このとき入れたアルミニウムの重さ〔g〕と発生した気体の体積〔L〕の関係を調べると，どのようなグラフになりますか。正しいものを次のア～エから１つ選び，記号で答えなさい。
（ただし，図２のグラフを破線－－－－－で示しています。）

ア

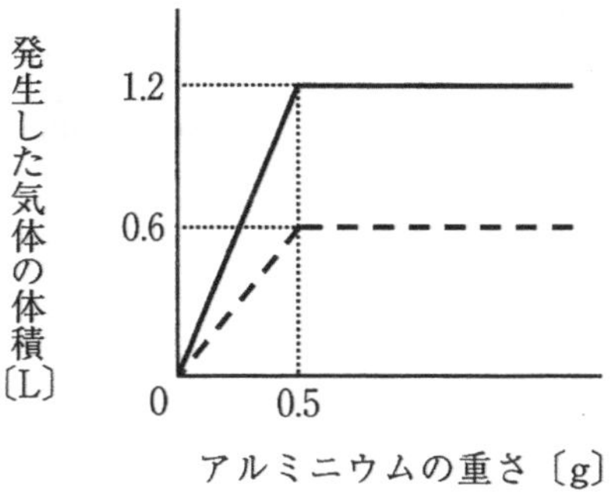

イ

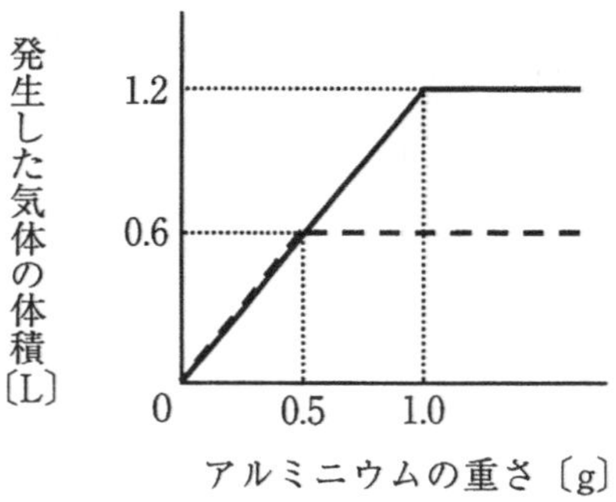

ウ

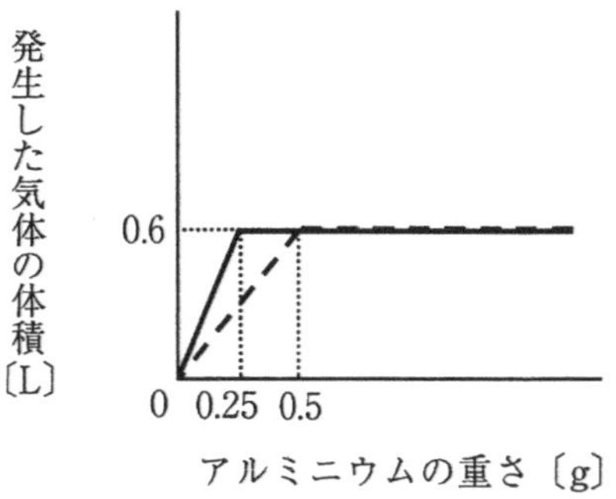

エ

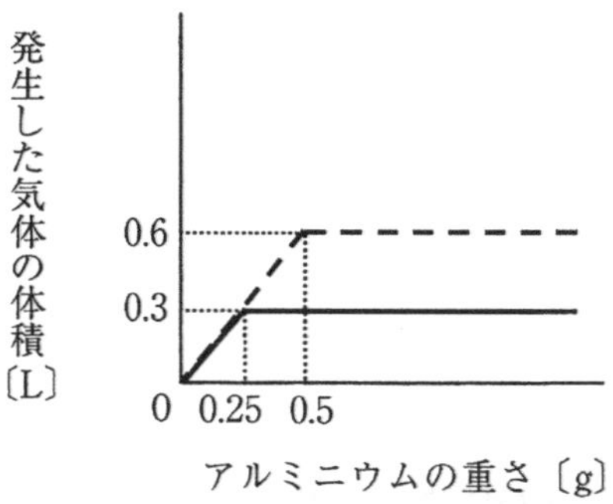

5　図1のように，1個20gのおもりをばねにつり下げていくと，おもりの個数とばねののびの関係は表1のようになりました。あとの問1～4に答えなさい。ただし，ばねや糸，棒は軽いものを使用し，それらの重さは考えなくてよいものとします。

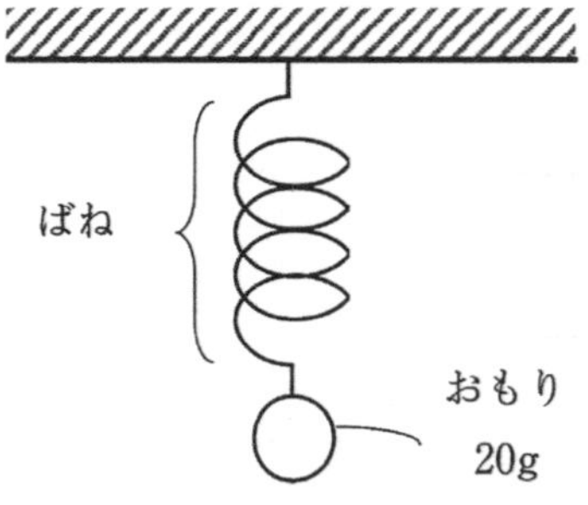

図1

表1

おもりの個数〔個〕	1	2	3
ばねののび〔cm〕	2	4	6

問1　20gのおもり5個を図1のばねにつり下げたときのばねののびは何cmになりますか。

問2　ばねののびが6cmになるものを次の**ア～カ**から**すべて選び**，記号で答えなさい。ただし，ばねとおもりはすべて図1と同じものを使用しているとします。

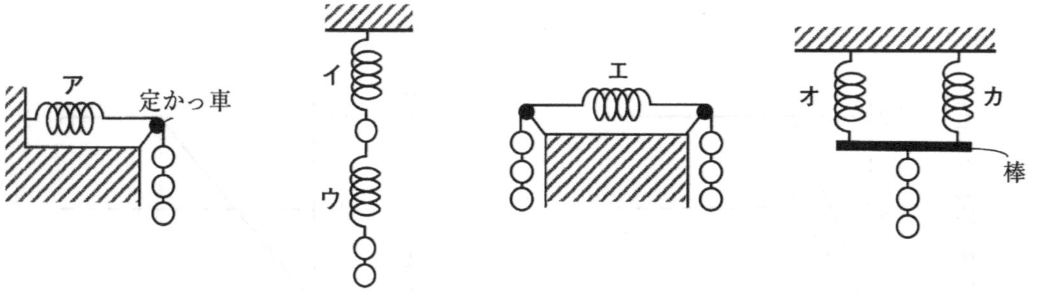

次に図2のように，十分な深さのある水そうに水を入れ，1辺の長さが2cm，2cm，5cmの直方体で重さが54gの物体を図1と同じばねにつるして水に沈《しず》めていくと，ばねののびはだんだん小さくなりました。これは，水が物体を押し上げようとする力である浮力《ふりょく》が物体にはたらいたためです。水面から物体の底面までの深さとばねののびの関係は表2のようになりました。

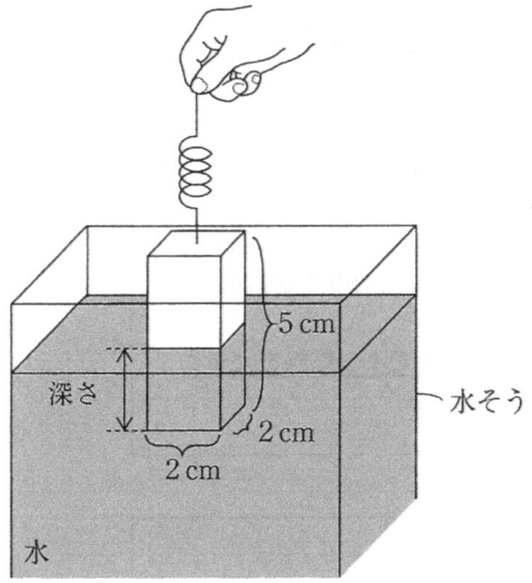

図2

表2

水面からの深さ〔cm〕	1	2	3
ばねののび〔cm〕	5.0	4.6	4.2

問3　物体をすべて水に沈めたとき，ばねののびは何cmになりますか。

問4　物体をすべて水に沈めたとき，何g分の浮力が物体にはたらきますか。

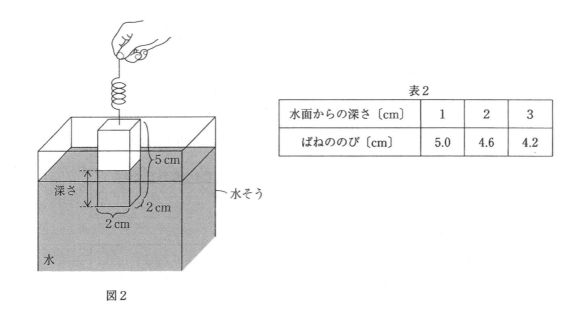

6　太郎さんは，夏休みの自由研究で燃料と環境問題について調べ，スライドの資料を作成しました。これについて，あとの問１～４に答えなさい。

［資料］スライド１

ものを燃やす私たちの生活と環境

豊かな生活を支える燃料

私たち人間は，大昔から生活を豊かにするために，色々な場面でものを燃やしてきた。

燃料を燃やして自動車や飛行機を動かしたり，生活に欠かせない電気をつくり出したりしている。今や私たちの生活の中で燃料は欠かせないものになっている。

しかし，a 近年では石油や石炭，天然ガスなど色々な燃料を大量に燃やすと，様々な問題が起こるようになってきた。

スライド２

【燃料が利用されている場面】

・火力発電　・自動車　・ロケット　・家庭の暖房《だんぼう》

【燃料を燃やすことにより起きる問題】

A

スライド３

【私たちの地球環境を守るために】

私たちは便利な生活を送るだけでなく，燃料を燃やす量を減らしたり，燃やしても環境への影響が少ない燃料にかえたりして，私たち人間だけでなく，すべての生物が生き続けられる環境を保つことが大切である。

★具体例：

○燃料に使用する石炭の量を減らしている。

○工場から出るけむりから有害な成分を取り除く装置を使っている。

○bガソリンにかわる燃料を利用した自動車が開発されている。

問１　スライド１の文章にある，石油や石炭，天然ガスなどの燃料は，生物の死がいなどが長い年月をかけてたい積してできたものです。このような燃料を何といいますか。正しいものを次の**ア～エ**から１つ選び，記号で答えなさい。

ア　化石燃料　　**イ**　化学燃料　　**ウ**　石灰石　　**エ**　木炭

問２　石油や石炭などの燃料を燃やすことで起こる変化を示すと次のようになります。この変化の（　１　）と（　２　）にあてはまる正しい組み合わせを，あとの**ア～カ**から１つ選び，記号で答えなさい。

有機物　＋　（　１　）　→　二酸化炭素　＋　（　２　）
（石油や石炭など）

	ア	**イ**	**ウ**	**エ**	**オ**	**カ**
（　１　）	水素	酸素	水素	炭素	酸素	酸素
（　２　）	酸素	水素	水	水	水	ちっ素

問３　スライド１の下線部ａのように，これらの燃料を大量に燃やすことにより生じる問題点について，太郎さんはスライド２の A にまとめています。この A にあてはまる例として，**まちがっているもの**を次の**ア～エ**から１つ選び，記号で答えなさい。

ア　ものを燃やすと，すすや灰などをふくむ灰色や黒い色のけむりが出ることがある。このけむりと霧《きり》が混ざったスモッグは，生物の体に悪い影響《えいきょう》がある。

イ　大気中の二酸化炭素濃度が上がり，平均気温が上昇する。

ウ　長い年月をかけてつくられた資源であるため，すぐにこれらの資源をつくることができずに，いつかは使いすぎてなくなってしまう。

エ　燃料を燃やすことで電気をつくる火力発電は，排《はい》出される酸素の量が多いため，温室効果につながる。

問４　スライド３の下線部ｂのガソリンにかわる燃料として，利用されているものを１つ答えなさい。

7　地球温暖化の原因の１つである，大気中の二酸化炭素濃度《のうど》に関する次の文章を読んで，あとの問１～４に答えなさい。

近年，地球温暖化が大きな問題となっています。地球温暖化の原因は色々ありますが，その中でも大気にふくまれる二酸化炭素について考えてみましょう。

大気にふくまれる二酸化炭素は年々増加しているといわれています。今から50年ほど前は，一般的には大気中の二酸化炭素濃度は0.03％くらいといわれていました。ところが現在ではすでに，0.04％に達しています。0.03％とか0.04％という数字は，とても小さな数字に感じるかもしれませんが，この50年間で二酸化炭素濃度は上がり続け，地球の環境に大きな影響《えいきょう》を与えています。

では，なぜ二酸化炭素濃度は上がり続けているのでしょうか。このことについても色々な原因があるのですが，その中の１つに，森林の伐採《ばっさい》があります。森林の伐採とは，人間が生活のために燃料として使ったり，土地を作って利用したり，樹木を建築の材料にしたりするために，樹木を切り倒《たお》すことです。森林は植物の集まりなので，大気中の二酸化炭素を吸収してかわりに酸素を出します。そのため，伐採が進むと大気中の二酸化炭素は吸収されず，酸素は大気中に出されなくなり，大気中の二酸化炭素の割合が大きくなってしまいます。

問１　50年前と現在を比べると，二酸化炭素の濃度は約何倍になりましたか。最も近いものを，次のア～オから１つ選び，記号で答えなさい。

ア　0.5倍　　イ　0.75倍　　ウ　1.3倍　　エ　２倍　　オ　５倍

問2　文中の下線部では，「二酸化炭素は吸収されず，酸素は大気中に出されなくなり」とありますが，それだけでは，二酸化炭素の大気中の割合は大きくなりません。二酸化炭素の割合が大きくなるもう1つの理由は二酸化炭素を出すものが存在するからです。二酸化炭素を出すものとして，**まちがっているもの**を次のア～ウから**すべて選び**，記号で答えなさい。ただし，まちがっているものがないときは×と答えなさい。

ア　地球上の動物たちが呼吸をする。
イ　人間がごみなどを大量に燃やす。
ウ　火山の活動などにより山火事が起こる。

問3　植物の葉に日光が当たると葉にはでんぷんがつくられます。これを光合成といいます。でんぷんは植物の栄養分になりますが，二酸化炭素は，そのでんぷんの材料です。しかし，植物が育つ（でんぷんをつくる）にはもう1種類の材料が必要です。その材料を答えなさい。

問4　大気中の二酸化炭素が増加する現在の状況は，人間にとってさまざまな困ったことを引き起こしていますが，一般的な植物にとってはどのような影響がありますか。正しいと考えられるものを次のア～エから1つ選び，記号で答えなさい。

ア　気温が高くなることで，植物の活動が活発になり，また大気中からたくさんの二酸化炭素を吸収できるので，植物がよく育つ。
イ　気温が高くなることで，植物の活動が活発になり，呼吸によりたくさんの酸素を吸収するので，植物はあまり育たなくなる。
ウ　気温が高くなることで，植物の活動が弱まり，大気中からあまり二酸化炭素を吸収できなくなるので，植物は育ちにくい。
エ　気温が高くなることで，植物の活動が弱まり，呼吸も光合成も弱まるので，植物はあまり育たなくなる。

令 和 6 年 度

中村学園女子中学校

入 学 試 験 問 題
(前　期)

社　会

〔試験時間 40 分〕

注　　意

1．この問題用紙は、「はじめ」の合図があるまで、開いたり書いたりしてはいけません。
2．答えはすべて解答用紙に記入しなさい。
3．問題を読むときには、声を出してはいけません。
4．何かあるときには、静かに手をあげて先生にたずねなさい。
（問題の内容についての質問はできません。）
5．「やめ」の合図があったら鉛筆を置き、解答用紙を裏返しにして、指示を待ちなさい。

1　次のA～Gの各文章を読んで、あとの問いに答えなさい。

A　中国の歴史書（「魏志」倭人伝）には、３世紀ごろ、卑弥呼という邪馬台国の女王が倭（当時の日本）を治めていた様子が記されています。①邪馬台国があった場所については、九州地方とする説と近畿地方とする説があり、いくつかの遺跡が注目されています。

問１　下線部①について、現在、それぞれの説で注目されている遺跡の組み合わせとして正しいものを、次のア～エから１つ選び、記号で答えなさい。

	九州説	近畿説
ア	吉野ヶ里遺跡	登呂遺跡
イ	吉野ヶ里遺跡	纏向《まきむく》遺跡
ウ	三内丸山遺跡	登呂遺跡
エ	三内丸山遺跡	纏向《まきむく》遺跡

B　６世紀末、天皇を助ける地位についた聖徳太子（厩戸王）は、豪族の蘇我氏とともに、天皇中心の国づくりを目ざして、政治の改革を進めました。太子は、家がらにとらわれず、能力のある者を役人に取り立てるしくみとして、②冠位十二階をつくりました。また③十七条の憲法を定めて、役人の心構えを示しました。さらに中国との国交を開き、進んだ政治のしくみや文化を取り入れようとして、④遣唐使を送りました。また、⑤仏教を重んじ、法隆寺などの寺を建てました。

問２　波線部②③④⑤には誤っているものが１つあります。**誤っているもの**を番号で答えなさい。また、正しい語句を答えなさい。

C　794年に平安京とよばれる新しい都がつくられました。この都では、有力な貴族が勢力を争うようになり、11世紀の初めごろ、（　⑥　）は、天皇に代わって政治を動かすほどの権力をもちました。この時代には、大陸の文化に学びながら、風土や生活に合った日本風の文化が生まれました。

問３　次の和歌は、（　⑥　）の人物がよんだものです。（　⑥　）に入る人物名を**漢字**で答えなさい。

「この世をば　わが世とぞ思う　もち月の　欠けたることも　なしと思えば」

D　1167年に⑦平清盛は、武士で初めて太政大臣になりました。しかし、平氏の政治に対して、不満を持つ貴族や武士がしだいに増えていきました。源頼朝は、関東の有力な武士たちを味方につけて、平氏をたおす戦いを始め、⑧弟の源義経の活躍などにより、1185年に平氏をほろぼしました。鎌倉を政治の中心として、頼朝が開いた政府を、鎌倉幕府といいます。

問４　下線部⑦について、この人物はどのような方法で勢力を拡大したのか、次の系図を参考にして簡単に説明しなさい。

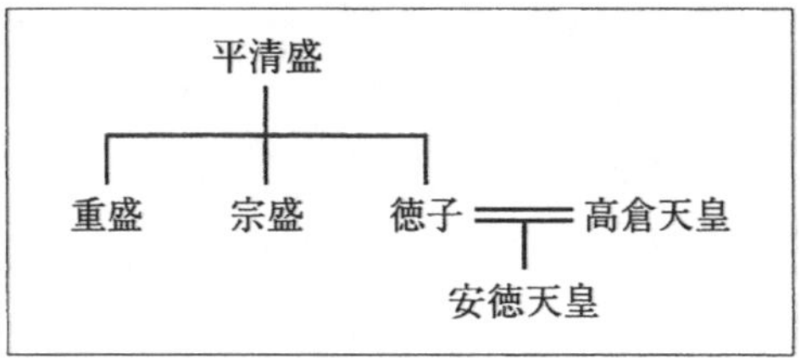

問５　下線部⑧について、平氏がほろんだ場所を次のア～エから１つ選び、記号で答えなさい。

ア　富士川　　　イ　壇ノ浦　　　ウ　屋島　　　エ　一ノ谷

E　14世紀に入ると、足利氏が京都に幕府を開きました。将軍の足利義満は、各地の守護大名を従えて、強い権力をもちました。また中国との貿易を行って、たくさんの富をたくわえました。この幕府が続いた約240年間を⑨室町時代といいます。

問６　下線部⑨について、この時代の文化の説明として最も適当なものを、次のア～エから１つ選び、記号で答えなさい。

ア　書院造の建物の庭には、枯山水とよばれる様式の庭園が数多くつくられた。

イ　人形浄瑠璃や歌舞伎は、人々の楽しみとして広まり、芝居小屋はたくさんの見物客でにぎわった。

ウ　戦いのない世の中を願って平泉（岩手県）に中尊寺が建てられた。

エ　ひらがなやかたかながつくられ、日本古来の言葉や日本人の感情をより自由に表現できるようになった。

F　⑩1467年、京都では、将軍のあとつぎ問題などをめぐって、室町幕府の有力な守護大名どうしの対立が深まり、戦乱が起こりました。この戦乱は、全国の大名をまきこんで10年余りも続き、地方へと広がっていきました。この戦乱で、京都のまちは焼け野原になり、室町幕府の権力はおとろえました。そして、⑪織田信長が足利氏の将軍を京都から追放して、室町幕府をほろぼしました。

問７　下線部⑩について、この戦乱を何といいますか。答えなさい。

問８　下線部⑪について、次の屏風（びょうぶ）絵は、織田信長・徳川家康の連合軍と武田軍との戦いがえがかれています。この戦いを下のア～エから１つ選び、記号で答えなさい。

ア　桶狭間の戦い　　イ　長篠の戦い　　ウ　関ヶ原の戦い　　エ　倶利伽羅峠の戦い

G　⑫徳川家康は、対立する豊臣方の大名を破り、全国の大名を従えました。1603年、家康は征夷大将軍となり、⑬江戸に幕府を開きました。江戸時代は、⑭都市や交通が発達し、全国にわたって多くの人やものが行き来しました。

問９　下線部⑫について、次の写真は、この人物をまつっている神社です。この神社の名称を下のア～エから１つ選び、記号で答えなさい。

ア　鶴岡八幡宮　　イ　日光東照宮　　ウ　明治神宮　　エ　伊勢神宮

問10　下線部⑬について、次の略年表は江戸幕府がとった鎖国までの流れを示したものです。略年表中の（　X　）～（　Z　）中に入る国の組み合わせとして正しいものを、下の**ア**～**エ**から１つ選び、記号で答えなさい。

年号	できごと
1612	キリスト教を禁止する
1616	外国船の来航を長崎と平戸に限る
1624	（　X　）船の来航を禁止する
1635	日本人の海外への渡航と海外からの帰国を禁止する
1637	島原・天草一揆が起こる
1639	（　Y　）船の来航を禁止する
1641	平戸の（　Z　）商館を出島に移す

	（　X　）	（　Y　）	（　Z　）
ア	スペイン	オランダ	ポルトガル
イ	スペイン	ポルトガル	オランダ
ウ	ポルトガル	スペイン	オランダ
エ	ポルトガル	オランダ	スペイン

問11　下線部⑭について、この時代に発展した都市や交通の説明として**誤っているもの**を、次の**ア**～**エ**から１つ選び、記号で答えなさい。

ア　政治の中心である江戸は、「将軍のおひざもと」とよばれた。

イ　江戸の日本橋を起点に、人やものが行き来する五街道が整備された。

ウ　大阪は、「天下の台所」とよばれ、経済の中心地として栄えた。

エ　大阪は、西陣織などの伝統的な高級織物が発達した。

2

次の略年表を見て、あとの問いに答えなさい。

年号	で き ご と
1871	①岩倉使節団が欧米に向けて日本を出発する
1883	鹿鳴館が完成する
1886	（ ② ）が起こる
1894	イギリスとの交渉で治外法権と関税自主権の一部を回復させる
	日清戦争が起こる
1904	③日露戦争が起こる
	↕ ……………………………………④
1937	日中戦争が始まる
1941	⑤アジア・太平洋に戦争が広がる
1945	日本が連合国に降伏する
1951	⑥サンフランシスコ平和条約を結ぶ

問１　下線部①について、この使節団の**一員ではない人物**を次のア～エから１つ選び、記号で答えなさい。

ア　木戸孝允　　イ　大久保利通　　ウ　西郷隆盛　　エ　伊藤博文

問２　次の絵は略年表中の（ ② ）のできごとが起こったときに描かれた風刺画です。このできごとをきっかけに、日本国内では条約改正を求める声が高まりました。このできごとを何といいますか。答えなさい。

問３　下線部③について、戦後の講和条約で日本は領土を獲得しました。この条約によって定められた当時の日本の領土を示した地図を、次の**ア**～**エ**から１つ選び、記号で答えなさい。

ア

イ

ウ

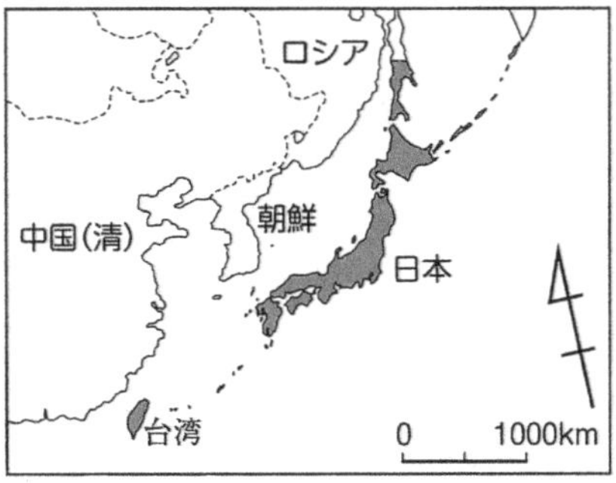

エ

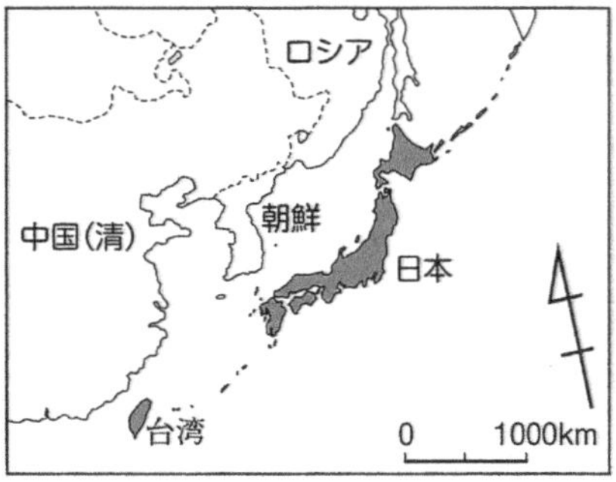

問４　略年表中④の期間に起こったできごととして正しいものを、次の**ア**～**エ**から１つ選び、記号で答えなさい。

ア　関東大震災が起こる

イ　八幡製鉄所が操業を開始する

ウ　国家総動員法が定められる

エ　大日本帝国憲法が発布される

問５　下線部⑤について、戦局が悪化すると、多くの学生は勉強を中断して、兵士として戦場に送られました。このことを何といいますか。**漢字４字**で答えなさい。

問６　下線部⑥について、この条約と同時に日本とアメリカの間で結ばれた条約を**漢字**で答えなさい。

3　次の略地図を見て、あとの問いに答えなさい。

問１　略地図中のＸの山脈とＹの平野の名称の組み合わせとして正しいものを、次のア～エから１つ選び、記号で答えなさい。

	X	Y
ア	飛騨山脈	越後平野
イ	飛騨山脈	濃尾平野
ウ	赤石山脈	越後平野
エ	赤石山脈	濃尾平野

問２　略地図中のＺは、2024年開業予定の北陸新幹線の延伸区間を示しています。この延伸区間を通るＢの県庁所在地(都市)名を**漢字**で答えなさい。

問３　右のグラフは、略地図中①の都市の降水量を表しています。グラフを見ると、月ごとの降水量に大きな特徴が見られます。なぜそのような特徴が見られるのかを、**風の名称**と**風向き**をあげて説明しなさい。

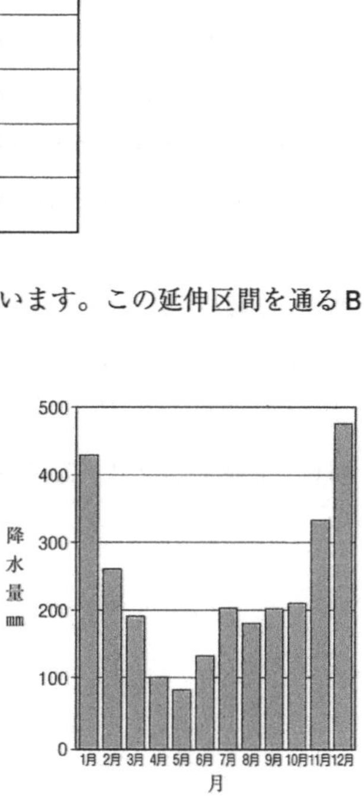

(『理科年表2023』により作成)

d
e
く

問三
(1)
(2)

い
d
れた
e
てられて

B
C
D

問四

問六

※印のところは記入しないこと

※

得　　点

※

※100点満点
（配点非公表）

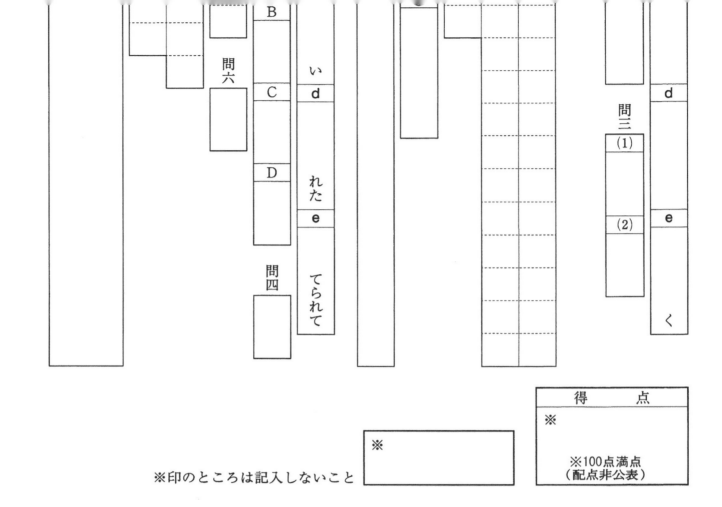

3

(1)	(2)
円	m^3

(3)
説明
答え　m^3 より多く，　m^3 より少ないとき

1 枚 目 得 点
※

※印のところは記入しないこと　※

答え　組

※印のところは記入しないこと

※

2 枚 目 得 点
※

合 計 得 点
※ ※100点満点 （配点非公表）

		L	

5

問　1	問　2	問　3
cm		cm

問　4
g

6

問1	問2	問3	問　4

※

7

問1	問　2	問　3	問4

※印のところは記入しないこと

※

得　　点
※ ※75点満点 （配点非公表）

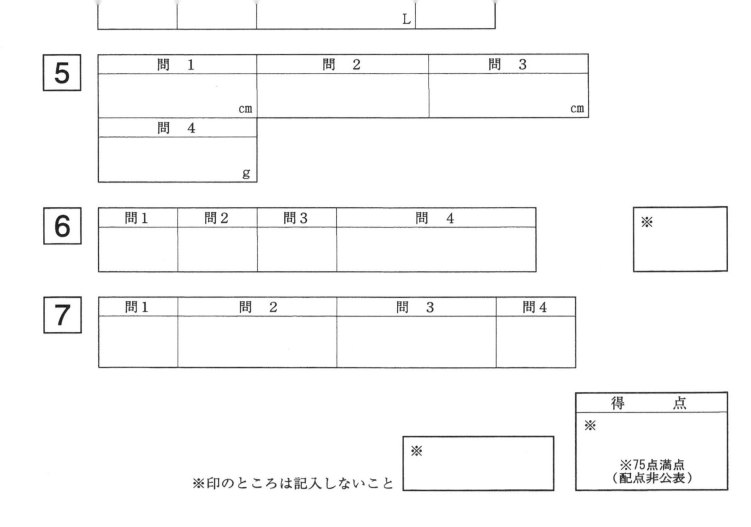

3

問 1	問 2
	市

問 3

問 4	問 5	問 6	問 7

問 8	問 9	問 10

4

問 1	問 2	問 3	問 4

問 5
→ → →

※印のところは記入しないこと ※

得　点
※ ※75点満点 （配点非公表）

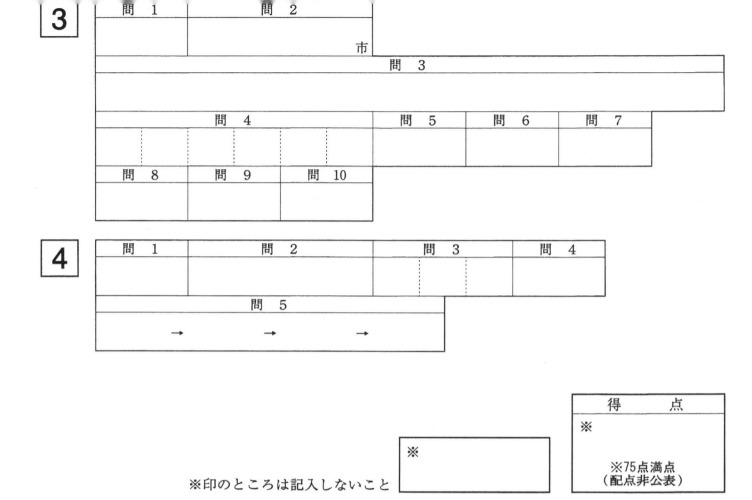

受験番号					

氏名	

社会解答用紙（中学前期）

1

問 1	問 2		問 3
	番号	語句	

問 4

問 5	問 6	問 7	問 8	問 9

問 10	問 11

2

問 1	問 2	問 3	問 4

問 5				問 6

【解答用

受験番号					

氏名	

理　科　解　答　用　紙　（中学前期）

1

問　1

問　2		問3

2

問　1	問　2	問3
	m	

※

3

問1	問2	問3	問4	問5

【解答用

受験番号					

氏名	

算 数 解 答 用 紙　２枚目　（中学前期）

4

(1)		(2)
個	枚	個
(3)		
円		

5

(1)	(2)
(3)	
説明	

受験番号					

氏名	

算 数 解 答 用 紙 1枚目 (中学前期)

1

(1)	(2)	(3)
(4)	(5)	

2

(1)	(2)	(3)	(4)
	倍	km	
(5)	(6)	(7)	(8)
	%		cm^2
(9)	(10)		

【解答用

受験番号

氏名

国語解答用紙（中学前期）

一

問一 a b

問二

問四

問五

問六

問七

問八

問九 (1) ① (2)

二

問一 a め b

問二 (1) (2)

問三 A

問五

問七 Ⅰ Ⅱ

問八

問九

【解答用

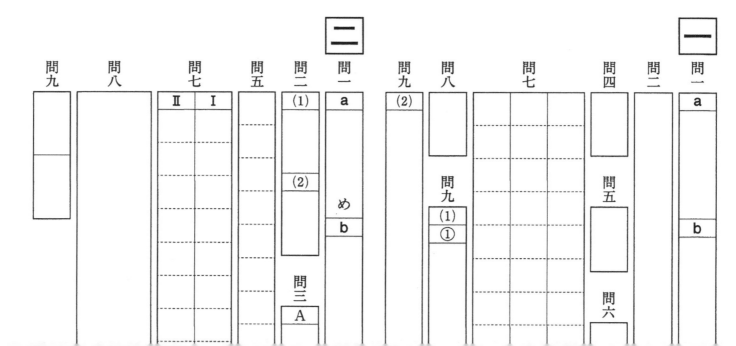

問4　略地図中の②の都市は、福岡市や北九州市と同じく行政区を設置するなどの特徴をもった都市です。このような都市を何といいますか。**漢字6字**で答えなさい。

問5　次の図は、略地図中の③の地点を拡大した地図です。この場所はむかしから災害が多く、地図中の［Q］には、2019年に制定された災害にまつわる地図記号が入ります。あてはまる地図記号を、下のア～エから１つ選び、記号で答えなさい。

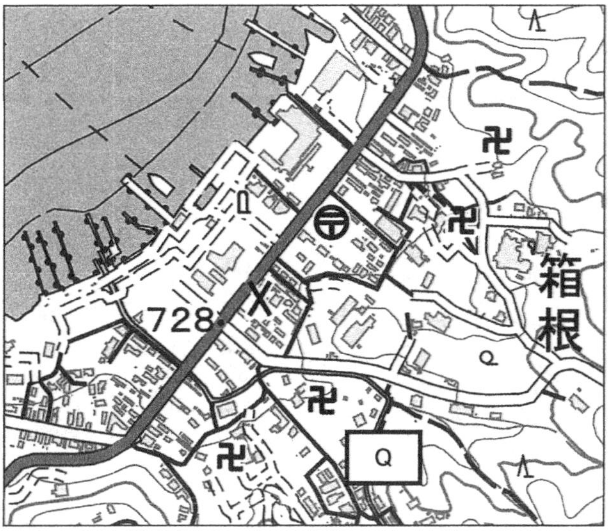

ア

イ

ウ

エ

問６　次のア～エのグラフは、茶、もも、キャベツ、レタスの生産量における上位都道府県と全国に占める割合をあらわしたものです。キャベツの生産量を示すグラフをア～エから１つ選び、記号で答えなさい。なお、グラフ中のD、E、F、H、I、J、Kは略地図中の記号と同じ都道府県を表しています。

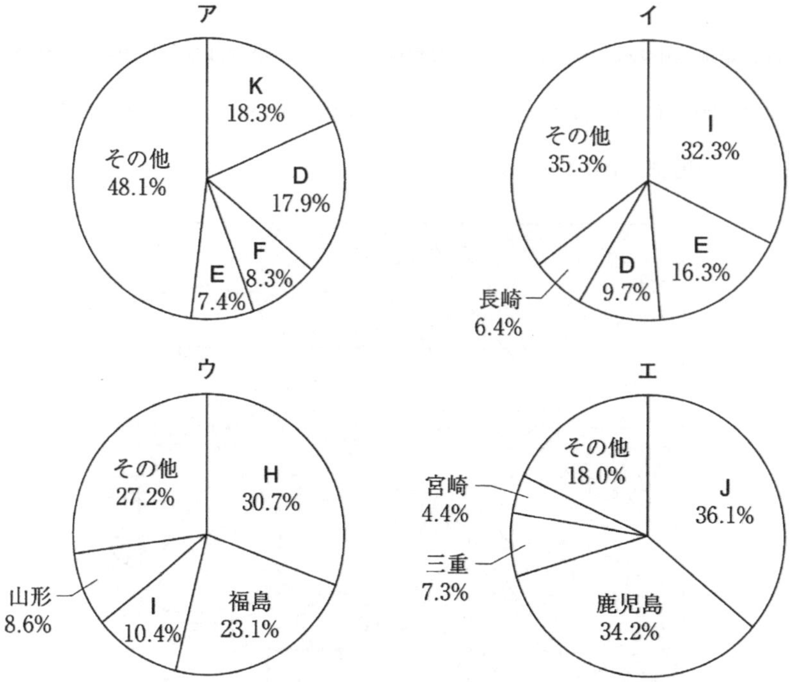

統計年次は2020年次

（『日本国勢図会2022/23』より作成）

問７　次の表中のア～エは、略地図中のA、C、F、K各県の製造品出荷額等の合計と割合をあらわしたものです。Aの出荷額を示すものをア～エから１つ選び、記号で答えなさい。

	ア		イ		ウ		エ	
製造品出荷額等割合	食料品	16.3%	輸送用機械	55.4%	石油・石炭製品	22.6%	電子部品	14.9%
	化学	12.8%	電気機械	5.8%	化学	17.5%	化学	10.8%
	金属製品	11.5%	鉄鋼	5.0%	食料品	12.9%	繊維	10.3%
	生産用機械	8.5%	生産用機械	4.9%	鉄鋼	12.9%	電気機械	9.1%
	その他	50.9%	その他	28.9%	その他	34.1%	その他	54.9%
製造品出荷額等	50,113億円		481,864億円		125,846億円		22,902億円	

統計年次は2019年次

（『データでみる県勢2023』より作成）

問８　略地図中のＢの伝統的工芸品として正しいものを、次のア～エから１つ選び、記号で答えなさい。

ア　常滑焼　　　イ　美濃焼　　　ウ　若狭塗　　　エ　輪島塗

問９　次の(1)・(2)の文は、略地図中のＧと姉妹友好都市の関係をむすんでいる２つの首都について述べたものです。(1)・(2)にあてはまる都市の組み合わせとして正しいものを、下のア～エから１つ選び、記号で答えなさい。

(1)　この都市はヨーロッパにあり、中世以来西ヨーロッパにおける文化・政治・経済の中心地のひとつです。2024年には、この都市で夏季オリンピックが開かれる予定です。

(2)　この都市は東南アジアにあり、人口は1000万人を超えています。都市部の環境悪化のため、首都の機能を別の都市に移すことが計画され、2024年に政府機関の移転が開始されます。

	(1)	(2)
ア	ロンドン	デリー
イ	ロンドン	ジャカルタ
ウ	パリ	デリー
エ	パリ	ジャカルタ

問10　次のア～エの写真は、日本にある世界遺産です。このうち、略地図中に示した**都道府県にないもの**をア～エから１つ選び、記号で答えなさい。

ア

イ

ウ

エ

4　福岡県の小学校に通っているＡ～Ｄさんは、夏休みに身のまわりの問題について興味があることをテーマに自由な学習を行いました。次の図は、Ａ～Ｄさんがそれぞれ学習のテーマにした内容を示したものです。この図を見て、あとの問いに答えなさい。

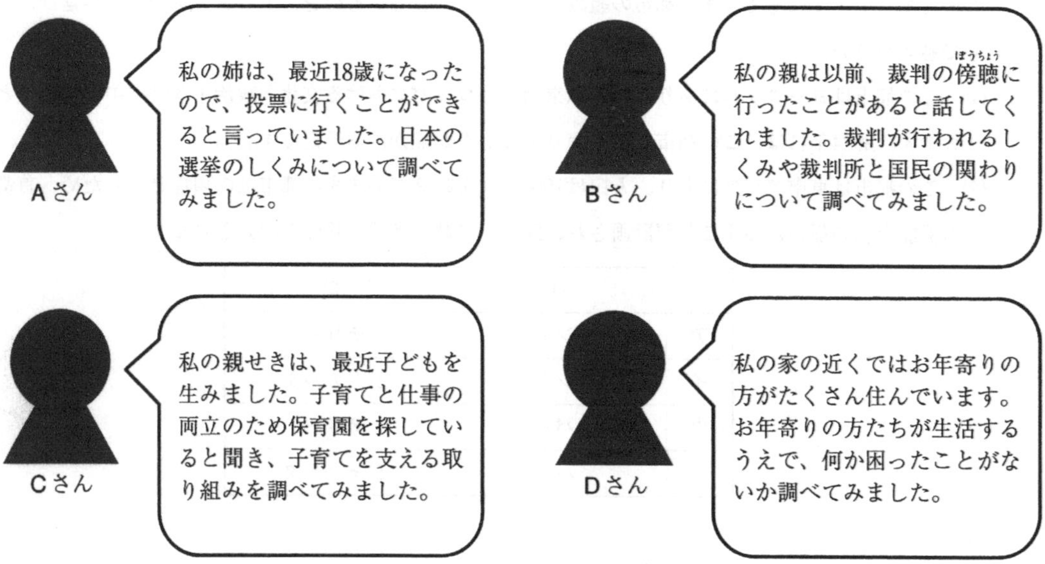
私の姉は、最近18歳になったので、投票に行くことができると言っていました。日本の選挙のしくみについて調べてみました。
Ａさん
私の親は以前、裁判の傍聴《ぼうちょう》に行ったことがあると話してくれました。裁判が行われるしくみや裁判所と国民の関わりについて調べてみました。
Ｂさん
私の親せきは、最近子どもを生みました。子育てと仕事の両立のため保育園を探していると聞き、子育てを支える取り組みを調べてみました。
Ｃさん
私の家の近くではお年寄りの方がたくさん住んでいます。お年寄りの方たちが生活するうえで、何か困ったことがないか調べてみました。
Ｄさん

問１　Ａさんのテーマについて、日本の選挙や投票について述べた次の文ＸとＹの正誤の組み合わせとして正しいものを、下のア～エから１つ選び、記号で答えなさい。

Ｘ　時代にあわせて憲法を変える必要があるときは、国民投票を行う。

Ｙ　選挙の投票日に投票所へ行くことができない場合は、事前に投票することができる。

	ア	イ	ウ	エ
Ｘ	正	正	誤	誤
Ｙ	正	誤	正	誤

問２　Ｂさんのテーマについて、福岡県にある裁判所として**誤っているもの**を、次のア～エから**すべて**選び記号で答えなさい。なお、すべて福岡県にある場合は**オ**を答えなさい。

ア　高等裁判所　　イ　家庭裁判所　　ウ　地方裁判所　　エ　簡易裁判所

問３　ＣさんとＤさんのテーマに関連して、現在の日本で最も割合の多い、夫婦や、親と未婚の子の２世代で暮らす家族のことを何といいますか。**漢字３字**で答えなさい。

問４　A～Dさんは学習をすすめたあと、次のア～エのカードを作成しました。学習の結果が**誤っているもの**を、ア～エから１つ選び、記号で答えなさい。

ア

> Aさん
>
> 選挙の歴史や、日本以外の国の選挙について図書館で調べた。選挙権が与えられる年齢については、時代や国・地域で違いが見られることが分かった。

イ

> Bさん
>
> 裁判が行われるしくみについて図書館で調べた。重大な犯罪にかかわる裁判では、裁判員として国民が参加し、有罪か無罪かを裁判官と判断することが分かった。

ウ

> Cさん
>
> 保育園を訪ねて聞き取り調査を行った。日本では男性の育児休《きゅう》暇《か》が制度化されていないため、母親に対して育児の負担が大きいという問題が分かった。

エ

> Dさん
>
> 高齢者が多い地域で聞き取り調査を行った。高齢者には体が不自由になったり、病気になった人が多いため、介護保険制度のようなしくみがあることが分かった。

問５　次のア～エは、社会問題を学習する進め方について述べたものです。もっとも適切な進め方の順序になるように、解答欄にしたがって並べなさい。

ア　問題の解決につながる資料を集め、予想と照らし合わせながらキーワードをみつける。

イ　自分たちの暮らしのあり方を見直し、地域や社会の課題の解決に向けた行動につなげる。

ウ　わかったことや大切だと思ったことを整理し、自分の考えを表現する。また、みんなで考えを共有する。

エ　疑問に思ったこと、知りたいことをまとめ、調べ方の見通しを立てる。

令 和 5 年 度

中村学園女子中学校

入 学 試 験 問 題
（ 前　期 ）

国　語

〔試験時間 50 分〕

注　　　意

1．この問題用紙は、「はじめ」の合図があるまで、開いたり書いたりしてはいけません。

2．答えはすべて解答用紙に記入しなさい。解答用紙は２枚あります。

3．問題を読むときには、声を出してはいけません。

4．何かあるときには、静かに手をあげて先生にたずねなさい。
（問題の内容についての質問はできません。）

5．「やめ」の合図があったら鉛筆を置き、解答用紙を裏返しにして、指示を待ちなさい。

＃教英出版 編集部　注
編集の都合上、解答用紙は両面に掲載しています。

一

次の【文章Ⅰ】【文章Ⅱ】を読んで、後の問いに答えなさい。（字数制限がある場合は、句読点や記号なども字数に含む。設問の都合上、原作を一部変更している。）

【文章Ⅰ】

一九九七年五月、ペルー沖の海水温が上昇し始めて「エルニーニョ」の到来が広く新聞等でａホウドウされました。通常とは異なった時期に発生して「強い」エルニーニョに発達し、一年以上続いて、一九九八年六月にやっと終息ｂセンゲンが出されました。地球の異常気象がエルニーニョと単純に結びつけられ、かえって実像がわかりにくくなっている気がします。

エルニーニョとは「男の子」を意味するスペイン語で、大文字で始まると「幼児キリスト」を表します。毎年クリスマス頃に、ペルー沖に暖水が出現することに気付いた漁民たちが使っていた言葉です。といっても、それが一年以上続いて海水温が三〜五度も高くなるまで発達した「強い」エルニーニョとなるのは数年に一回で、①そのような場合に、さまざまな自然災害が引き起こされるのです。通常は、赤道帯の西の方のボルネオ周辺で海水温が高く、東の方の南米沖で海水温が低いのですが、エルニーニョが起こると逆になり、アジアやアフリカ地域では乾燥《かんそう》し（大干ばつ）、アメリカ大陸では多雨（大洪水）になるというわけです。

海水温のｃブンプがそのように逆転するのは、オーストラリア北部のダーウィン地域の大気圧が低くなったとき、太平洋南東部のタヒチ付近での大気圧が高くなり、それによって海水の流れが変わるためのようです。むろん、逆の場合もあって、このときが通常の状態で「ラニーニャ（女の子）」と呼ばれています。このような大気の大きな「南方振動《しんどう》」が起こると、それに引きずられて海水運動も変化するのです。大気と海洋がしっかりと結びついていることがよくわかりますね。

ですから、②エルニーニョは何ら異常ではなく、何百万年前からも起こっていた自然現象なのです。また、ラニーニャが通常年で、エルニーニョが異常年という言い方も、人間が勝手に付けた呼び名と言えるでしょう。カタクチイワシがたくさん獲れるラニーニャの年を通常とし、エルニーニョになるとイワシが逃げてしまって不漁となるので異常と呼んでいるからです。

イワシ漁が本格化した一九六〇年代に不漁の損害が大きくなり、エルニーニョが注目されるようになったという歴史もあります。といっても、エルニーニョが起こると地球全体に影響《えいきょう》が及ぶ③「※テレコネクション」現象に注目が集まっています。ささいな気象異変でも、大きく増幅されて他の地域の自然災害につながっていくからです。開発によって※脆弱《ぜいじゃく》になった自然環境のために被害が増幅《ぞうふく》されるようになったためかもしれません。

ところで、エルニーニョが起こると日本では豆腐《とうふ》が高くなるのです。④この理由、わかりますか？

（池内了『考えてみれば不思議なこと』より）

【文章Ⅱ】

エルニーニョという用語は必ずしも新しいものではない。私の手元にあるアメリカの『気象事典』（一九五九）の一九九ページには次のように説明されている。

「エクアドルの海岸に沿って南下する暖流をいう。この海流は一般にクリスマスの直後に発達するので、この名称がつけられた。この南下が赤道地域の降雨帯の南下といっしょにおこるような異常な年には、この海流はペルーの海岸に沿って南緯一二度ぐらいまでも下がり、d沿岸海域のプランクトンや魚を死滅させる。」

私は一九六八年に雑誌「気象」（三月号）に、※フェアブリッジの『海洋学事典』にしたがい、エルニーニョについてのかんたんな解説を書いたが、同じころ、※土屋巌氏も雑誌「地理」の二月号に五ページにわたり、くわしく解説した。これらはいずれも、チリ沿岸部に何年かおきにおこる海況《かいきょう》異変としてとらえている。

※拙文《せつぶん》の冒頭《ぼうとう》の部分は次のようである。

「エルニーニョというのはスペイン語で、英語ならThe Child ということ。すなわち降誕祭のキリストをあらわす。南米ペルーの沿岸部で、およそ七年に一回ぐらいクリスマスの季節にはじまる海況の大異変をいう。」

この私の解説では、この現象は南米の西岸に沿って［X］してきたフンボルト寒流が弱く、南にかたよったところで海岸からはなれて［Y］するような場合に、今まで寒流が［X］していた部分に暖かい赤道反流が流れ込む結果おこる現象であると解説した。そしてさらに、その影響としてアンチョビ（カタクチイワシ）の不漁、沿岸各地の大雨洪水とこれによる※グアノの流失などがおこることについてもかんたんに説明した。

一九七二年のe半ばごろから、ペルー沖でエルニーニョ現象がおこり、これによってアンチョビの漁獲は半減した。このためアンチョビからの魚粉の代用としてアメリカの大豆が求められ、その結果、日本の豆腐が値上がりしたことは有名な話としてたびたび引用されている。

当時、気象庁の海洋課におられた飯田隼人氏と私はこの問題を取り上げたが、今年七月の発表においても注目された赤道地方の事象との高い相関関係について、飯田氏はすでに次のようにのべている。

「この二つ（赤道地帯の降水量と表面水温）の間の相関は〇・九三であり、とても高いのです。原子物理や天文学を除くと、こんな高い相関というのはまず一般の現象にはありません。」

また、この本は最近エルニーニョとともに注目されている〝南の振動〟についても言及しており、正常な形のエルニーニョの実態については、現在行われている解説とほとんど変わらぬ程度の内容を持った解説があたえられていた。

（根本順吉『地球に何がおきているか』ちくまプリマーブックスより）

（注）

テレコネクション＝遠くはなれた場所の天気や海洋の状態が互いに影響すること。

脆弱＝もろくて弱いこと。また、そのさま。

フェアブリッジ＝ロードス・フェアブリッジ、オーストラリアの地質学者で気候変動の専門家。

土屋巌＝日本の気象学者。

拙文＝自分の書いた文章をへりくだっていう語。
グアノ＝海鳥などの糞《ふん》が堆積《たいせき》し固まったもの。ペルー・チリ・セイシェルなどのものが有名。

問一　二重傍線部a～eのカタカナは漢字に直し、漢字はその読みをひらがなで書きなさい。

問二　傍線部①「そのような場合」とは何を指しますか。四十字以内で答えなさい。

問三　傍線部②「エルニーニョは何ら異常ではなく、何百万年前からも起こっていた自然現象なのです」とありますが、「異常」と呼んでいるのはなぜですか。解答用紙の形式に合わせて、本文中から二十五字程度で抜き出し、最初と最後の三字を答えなさい。

問四　傍線部③「『テレコネクション』現象に注目が集まっています」とありますが、なぜ「注目が集まっている」と筆者は言っているのですか。それを説明した次の文の空欄に適切な表現を補い、文を完成させなさい。

エルニーニョによって地球全体に影響が及び、自然災害が引き起こされ、それが［　　　　］と考えられるから。

問五　空欄［X］・［Y］に入る語として、最も適切なものを次のア～エの中からそれぞれ一つずつ選び、記号で答えなさい。

ア　南下　　イ　北上　　ウ　東行　　エ　西行

問六　【文章Ⅰ】【文章Ⅱ】の内容をまとめた次の文章の空欄に、本文中から適切な表現を指定した字数で抜き出して補い、文を完成させなさい。

エルニーニョは通常とは異なる［A（四字）］が引き起こすということを【文章Ⅰ】【文章Ⅱ】ともに指摘している。【文章Ⅰ】ではそれは［B（二字）］の状態が影響していることを述べており、【文章Ⅱ】では［C（二字）］付近の気象の状態とのかかわりに触れている。

問七　傍線部④「この理由、わかりますか?」とありますが、この理由を**【文章Ⅱ】**の内容と「アメリカではカタクチイワシは家畜の飼料や畑作の肥料になっていた」ことをふまえて、解答用紙の形式に合わせて、以下の語群の表現を**すべて**用いて説明しなさい。
なお語群の表現は何度用いてもかまいません。

（語群）
日本　アメリカ　輸入　イワシの不漁
牛の飼料　大豆　価格

※　問題は次ページに続きます。

二　次の文章を読んで、後の問いに答えなさい。（字数制限がある場合は、句読点や記号なども字数に含む。設問の都合上、原作を一部変更している。）

雪は石塚源太夫《げんだゆう》一家の末娘で、実母は亡くなっていたが、兄二人姉二人の五人兄弟の中で家族に可愛《かわい》がられて育ってきた。江戸に出てきた源太夫一家は、幕府の※御鳥見《おとりみ》役を勤める矢島家に身を寄せて暮らしていたが、源太夫は多津《たづ》という女性と再婚し、二人の間にはもうすぐ赤ちゃんが生まれようとしていた。

雪は、弦巻川《つるまきがわ》の土手に腰を下ろして、きらめく川面《かわも》を眺めていた。眸《ひとみ》を凝《こ》らせば、アメンボやミズスマシがすいすいと泳いでいるのが見える。

雪の心は、すいすいや、きらきらとはほど遠かった。［　A　］出来事があったわけではない。喧嘩《けんか》をしたわけでも虐《いじ》められたわけでもないのに※鬱々《うつうつ》としている。

長姉の里は、ここのところ稽古事《けいこごと》や a作法見習いに追われていた。家にいるときは、多津に代わって家事に勤《いそ》しんでいる。雪の相手をする暇はない。

次姉の秋は生来が□の娘だから、これも妹など眼中にないようだった。兄たちでは話し相手にならないし、父の源太夫の bカンシンは※身重《みおも》の妻と生まれてくる※ややこのことばかり。

末っ子の雪はこれまで、家族のだれからも「雪ちゃん、雪ちゃん」と可愛《かわい》がられてきた。とりわけ多津は、末娘を※慈《いつく》しんでいた。それなのに、こたびは雪を置いて清土《せいど》村へ行ってしまった。今度、帰って来るときは、弟か妹を抱いているはずで、となればもう雪にかまけてはいられない。

弟か妹ができることを、雪もはじめは楽しみにしていた。今だって無事、生まれればよいと願っている。きっと可愛いにちがいない。

①とは思うけれど――。

膝《ひざ》の上の絵馬《えま》を見た。

昨日、秋が持ち帰ったものだ。［　B　］絵馬に、源太夫が下手《へた》くそな犬の絵を描いた。犬は安産のお守り、かたわらに長兄の源太郎が「安産祈願」と角張った文字で書き込んだ。「多津母さまへ」と里が書き添《そ》え、父、兄、姉の名前の隣に秋、源次郎、雪が自分の名前を書き入れた。家族の祈りを込めた絵馬を鬼子母神《きしもじん》の絵馬堂へ c納める役が雪にまわってきたのは、たまたま秋に別の用事ができたためである。

――急がないと間に合わないわ。雪ちゃん、頼むわね。

大役を怠《おこた》るつもりはなかった。が、雪はまっすぐ絵馬堂へ行くかわりに、雑木《ぞうき》林を抜け、畦道《あぜみち》をたどって弦巻川の辺《ほとり》へ出た。土手の上をそぞろ歩き、草笛を吹き、タンポポや桜草を摘《つ》み、それから膝を抱えてぼんやりしている。

②この、胸のなかの、もやもやしているものはなんだろう。いや、もやもやというより、ざらついた砂がまぎれこんだような……。

気を取り直して、行かなくちゃ、と目をあげたときだった。わーっという声が聞こえた。男の子の一団が駆けて来る。小童《こわっぱ》というほど幼くはないが、若造と呼ぶにはまだ早い。雪と似たり寄ったりの十一、二歳か。武家ではなく町人の子供たちで、よく見ると、みすぼらしい身なりをした男の子を五、六人で追いかけているらしい。

「待てーえ、盗人《ぬすっと》野郎ッ」

「今度という今度は逃がさねえぞ」

してみると、追われている子は盗みをして見つかったのか。

盗人という言葉にびくりとして、雪はあわてて立ち上がった。先頭の子供はもう目の前まで来ていて、しかも見る見る近づいて来る。恐ろしげな形相《ぎょうそう》に驚き、おろおろしたのがまずかった。なまじ動いたために、かえって鉢《はち》合わせをしてしまった。どんと体当たりをされ、やせっぽちの雪は勢いよく跳ね飛ばされる。

あっと思ったときは遅かった。絵馬もすっ飛び、こちらは弧を描いて川へ落下する。まるでそこが定位置でもあるかのように、音もなく川面へ着水した。ぷかぷかと浮かびながら、ゆっくり下流へ流されてゆく。

雪は尻餅《しりもち》をついたまま、1息を呑《の》んで絵馬の行方を見守った。思いも寄らぬ出来事に呆然《ぼうぜん》としていたので、追いつ追われつしていた男の子たちがどうなったかはわからない。遠くでざわめきが聞こえているところをみると、追跡劇はまだつづいているようだ。

③そんなことより――。

雪は蒼白《そうはく》だった。あの絵馬は、ただの絵馬ではない。家族全員の思いがこもった絵馬だ。掛《か》け替《が》えのない絵馬である。

ああ、なぜ、先に絵馬堂へ行かなかったのか。

他意はないと、自分では思っていた。ここへやって来たのは春風に誘われたからだ。ほんとうにそれだけだと……。

でも、ちがう。雪はひとつ、深呼吸をした。絵馬をあとまわしにしたのは、絵馬堂へゆくのがおっくうだったからだ。心のどこかに、あとまわしにしたい気持ちがあった。それは、もしかしたら、生まれてくる弟か妹に対する焼きもち、でもあったような……。

のろのろと身を起こした。［　C　］手つきで乱れた着物をととのえる。もう絵馬は見えない。男の子たちもどこかへ行ってしまった。あたりはひっそりとして、絵馬を運び去った弦巻川だけが、なにごともなかったかのように悠然《ゆうぜん》と流れている。

ああ、どうしよう――。

雪はべそ顔になった。すると突然、2矢も盾《たて》もたまらなくなった。はじかれたように土手を駆け下り、川岸に沿ってひた走る。どこかに引っかかっていないかと左右に目を走らせ、懸命《けんめい》に探しまわったものの、絵馬は見つからなかった。

息をあえがせ、目に涙をためて、雪は川原にしゃがみ込んだ。精も根も尽き果てたような気がする。ひとしきりすすり泣いたあと、涙を拭《ぬぐ》って腰を上げ、重い足を引きずるように木の橋のたもとへ戻った。

畦道と雑木林を抜けて引き返せば、鬼子母神へ出る。境内《けいだい》には絵馬売りがいるはずだ。新しい絵馬を買って帰ればよい。賽銭《さいせん》用に多少の銭《ぜに》なら持っている。買ったら、急いで家へ帰る。

絵馬が川へ落ちたのは、男の子に突き飛ばされたためだ。ありのままを話せば、おそらくだれも咎《とが》めない。むしろ、同情してくれるかもしれない。

でも――と、また雪は思った。

――なぜ、土手にいたの。

と、秋なら訊《き》くかもしれない。

――先に納めりゃいいのにさ。

源次郎もdウタガいの目を向けてくる。

たとえ訊かれなくても、雪自身は知っていた。自分がなぜ、土手でぐずぐずしていたのか。絵馬を見る自分の目に、焼きもちという不純な気持ちがまざっていたことも。

鬼子母神へ引き返すかわりに、雪は木の橋を渡った。渡り終える頃には、もっと切実な、さらに恐ろしい考えが浮かんでいた。

絵馬が失《う》せた。これはもしや、※由々《ゆゆ》しい出来事が起こる前ぶれではないか。多津や生まれてくるややこの身に祟《たた》りが降りかかるのでは……。

雪は身ぶるいをした。

とにかく、じっとしてはいられない。こんなとき、どうしたらよいか、その答を教えてくれるのは※珠世《たまよ》しか思いつかなかった。雪の足は矢島家へ向いている。

いつもなら目を楽しませてくれる道端の花々も、あまりに長いこと同じ場所にあるので古ぼけた姿が神々《こうごう》しくさえ見える案山子《かかし》も、④今日は目に入らなかった。足下を見つめ、黙々と歩く。下雑司ケ谷《したぞうしがや》の大通りからつづく道へ出て、なおしばらく行くと、右手に御鳥見役の組屋敷が見えた。

矢島家のeカンソな木戸門《きどもん》をくぐる。もちろん、門番がいるようなご大層《たいそう》な家ではない。

（中略）

ごめんくださいと声を張りあげると、※恵以《えい》が出て来た。

「おや、雪ちゃん、どうしたの」

涙の跡が残っているのか。顔を見るなり、恵以は訊《たず》ねた。

雪は⑤つっかえつっかえ言葉をしぼり出す。

「小母《おば》、さまに、わたし、珠世小母さまに、お会い、したくて……」

「姑《はは》さまはあなたの母さまと一緒ですよ。清土村の庄兵衛《しょうべえ》さんの離れにいます」

そういえば、珠世が多津の出産の介添《かいぞ》えをすると聞いていた。取り乱していたので、うっかりしていたのだ。

「でも、行きっきりではない、のでしょ。戻ってみえるのでしょう」

「さあ、どうかしら。もういつ生まれてもおかしくないそうで、ここ数日は泊まり込んでいるのです。生まれるまでは、たぶん、戻っては来られないでしょう」

行ってごらんなさいと、恵以は言った。

多津がいるところで不吉な話はできない。泣き顔も見せられない。当惑《とうわく》している雪を見て、恵以は首をかしげた。

「いつもの雪ちゃんらしくありませんね。とにかく、ちょっとお上がりなさい。そうそう、ちょうどお祖父《じい》さまをお呼びして、桜餅《さくらもち》をいただこうと思っていたところなの。雪ちゃんも食べていらっしゃい」

うながされて、雪はあとずさりをした。ぺこりと頭を下げ、きびす※を返して小走りに駆け出す。

「雪ちゃん、どうしたの、雪ちゃん」

呼び止める声が聞こえたが、雪は振り返らなかった。門を飛び出し、通りへ出て、下雑司ヶ谷の方角へ早足で歩く。

珠世になら話せそうだった。が、他のだれかには話す勇気はない。うっかり口にしたが最後、不吉な予感が現実になってしまいそうだ。

（諸田玲子『巣立ち　お鳥見女房』新潮文庫刊より）

（注）

御鳥見役＝江戸幕府の職名。将軍が鷹狩をする御鷹場を管理した。

鬱々＝気持ちがふさいで晴れ晴れとしないさま。

身重＝妊娠していること。

ややこ＝赤ちゃん。

慈し(む)＝愛情を持って大切にする。

由々しい＝不吉だ。

珠世＝雪たちが居候していた矢島家の主婦。

恵以＝珠世の長男の妻。

きびすを返して＝あともどりして。

〈人物関係図〉

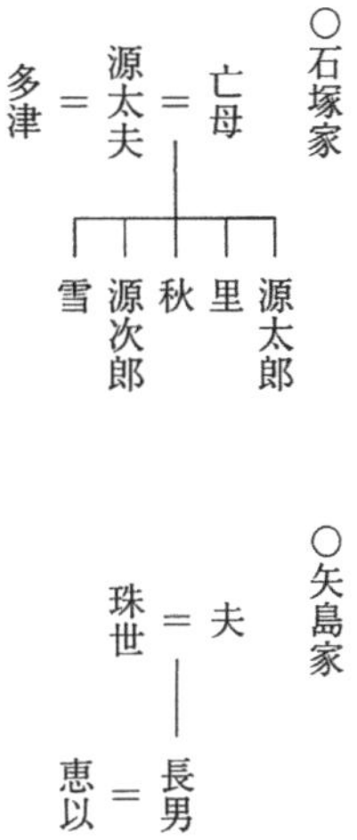

問一　二重傍線部a～eのカタカナは漢字に直し、漢字はその読みをひらがなで書きなさい。

問二　［ A ］～［ C ］に入る語句として、最も適切なものを次のア～エの中からそれぞれ一つずつ選び、記号で答えなさい。

A　ア　退屈な　　イ　不《ふ》愉快《ゆかい》な
　　ウ　いい加減な　　エ　無茶苦茶な

B　ア　華やかな　　イ　神々しい
　　ウ　薄汚れた　　エ　まっさらな

C　ア　ぎこちない　　イ　抜け目のない
　　ウ　重々しい　　エ　軽々しい

問三　［　　］には、「他人に頼らず自分の信じることを自力で行う」という意味の四字熟語が入ります。最も適切なものを次のア～エの中から一つ選び、記号で答えなさい。

ア　一心不乱　　イ　自画自賛
ウ　独立独歩　　エ　大胆不敵

問四　波線部**1**「息を呑んで」、**2**「矢も盾もたまらなくなった」の意味として、最も適切なものを次のア～エの中からそれぞれ一つずつ選び、記号で答えなさい。

1「息を呑んで」

ア　はっと驚いて息をとめて
イ　じっと息づかいをおさえて
ウ　興奮のあまり激しい息づかいで
エ　深く呼吸して息をこらして

2「矢も盾もたまらなくなった」

ア　素直な気持ちを表すことができなかった
イ　それよりほかにどうすることもできなかった
ウ　あせる気持ちをこらえることができなかった
エ　思い通りにならずどうすることもできなかった

問五　傍線部①「とは思うけれど――。」とありますが、「――」の部分に省略されている言葉として、最も適切なものを次のア～エの中から一つ選び、記号で答えなさい。

ア　可愛くなかったらややこをいじめてしまうかもしれないと思うと、われながらいやになってしまう。
イ　みんなの注目がややこだけに向けられるかもしれないと思うと、ふさいだ気分になってしまう。
ウ　出産の際に母子ともに危険な状態におちいるかもしれないと思うと、つい不安になってしまう。
エ　弟よりも妹のほうが可愛いかもしれないと思うと、自分のわがままな気持ちにあきれてしまう。

問六　傍線部②「この、胸のなかの、もやもやしているもの」とは何ですか。本文中から十三字で抜き出して答えなさい。

問七　傍線部③「そんなことより――。」について、この時の雪の気持ちを説明した次の文の（X）・（Y）に当てはまる語を、本文中からそれぞれ五字で抜き出して答えなさい。

（　X　）のことより（　Y　）の方が気になる。

問八　傍線部④「今日は目に入らなかった」とありますが、それはなぜですか。その時の状況と雪の気持ちを踏まえたうえで、八十字以内で答えなさい。

問九　傍線部⑤「つっかえつっかえ言葉をしぼり出す」という雪の様子は、その直後の雪の会話のどのような点に表れていますか。解答用紙の形式に合わせて、十五字以内で答えなさい。

問十　破線部に「家族の祈りを込めた絵馬」とありますが、雪の家族が「絵馬」に込めた思いを想像して、自分も家族の一員となったつもりで解答用紙にその思いを書き込みなさい。その際、「絵」を描いてもいいですが、言葉による表現も必ず加えることとします。

令 和 5 年 度

中村学園女子中学校

入 学 試 験 問 題
（ 前　期 ）

算　数

〔試験時間 50 分〕

注　　意

1．この問題用紙は、「はじめ」の合図があるまで、開いたり書いたりしてはいけません。
2．答えはすべて解答用紙に記入しなさい。解答用紙は２枚あります。
3．問題を読むときには、声を出してはいけません。
4．何かあるときには、静かに手をあげて先生にたずねなさい。
（問題の内容についての質問はできません。）
5．「やめ」の合図があったら鉛筆を置き、解答用紙を裏返しにして、指示を待ちなさい。

1　次の計算をしなさい。

(1)　$4+2\times3-6\div3$

(2)　$50-2\times(7+30\div6)$

(3)　$0.3\times\frac{14}{9}\div0.7$

(4)　$125\times25\times5\times4\times16$

(5)　$\left\{3-2\frac{7}{9}\times\left(\frac{3}{2}-\frac{2}{3}\right)\right\}\times54$

2　次の問いに答えなさい。

(1)　0.13時間は何分何秒ですか。

(2)　5円玉と10円玉が合わせて23枚あり合計金額は200円です。5円玉と10円玉はそれぞれ何枚ずつありますか。

(3)　2.3km＋40000cm－□m=1.5km です。□にあてはまる数はいくつですか。

(4) 縮尺が $\frac{1}{25000}$ の地図上で，たてが 8 cm，横が 6 cmの長方形の土地の実際の面積は何 km^2 ですか。

(5) ノートが 48 冊，鉛筆が 108 本あります。これらを余りがないように同じ数だけ，できるだけ多くの子どもたちに配ることにしました。このとき，何人の子どもに配ることができますか。

(6) AさんとBさんの所持金の比は 3：2，BさんとCさんの所持金の比は 5：3 です。このとき，AさんとCさんの所持金の比を一番簡単な整数の比で答えなさい。

(7) 次の①～④のうちで２つの量 x と y が比例するものと反比例するものをそれぞれ選び，その組み合わせとして適当なものを表のア～カから１つ選び記号で答えなさい。

① 50 個のあめを１人に６個ずつ分けるとき，分ける人数 x 人と残ったあめの個数 y 個

② 10 ％の食塩水 x mL に入っている食塩の量 y g

③ 面積が 100 cm^2 の三角形の底辺の長さ x cm と高さ y cm

④ ケーキを４個買って 2000 円を出したときのケーキ１個の値段 x 円とおつり y 円

	比例	反比例
ア	①	③
イ	②	①
ウ	③	②
エ	④	②
オ	③	④
カ	②	③

(8) 右の図のように1辺が6 cm の正方形の中におうぎ形が入っており，そのおうぎ形の中に正方形が入っています。色がぬられた部分のまわりの長さを求めなさい。ただし，円周率は3.14 とします。

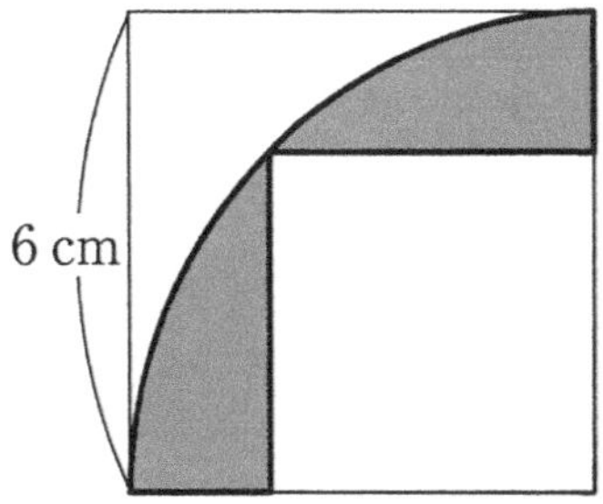

(9) 右の図の四角形 ABCD と四角形 EFGH は長方形です。このとき，長方形 EFGH の面積を求めなさい。

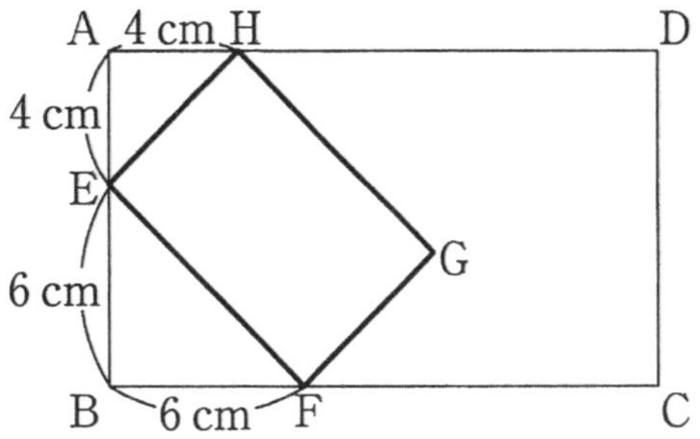

(10) 右の図は，1辺が1 cmの立方体15個を組み合わせてできた立体です。この立体の表面の面積を求めなさい。

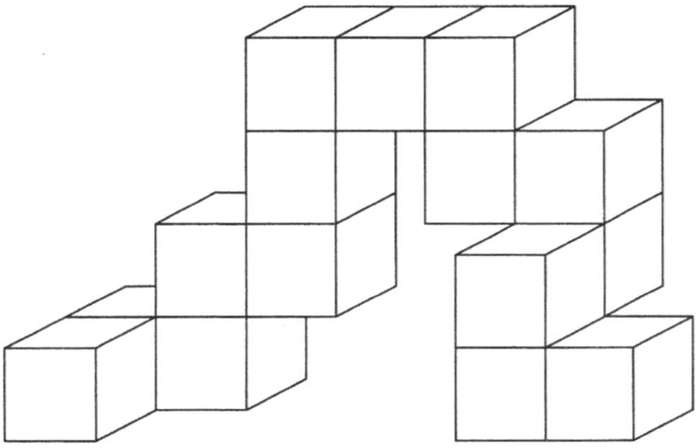

3　１から順に整数をかけ合わせます。それを記号！を用いて，次のように約束します。

1!=1，2!=1×2，3!=1×2×3，4!=1×2×3×4，…………

このとき，次の問いに答えなさい。

(1)　7！を計算するといくつになりますか。

(2)　□！を計算したとき，一の位と十の位の数が０になりました。□にあてはまる最も小さい整数はいくつですか。

(3)　50！を５で何回も割っていくとき，割った結果がはじめて小数になるのは何回目ですか。なお，この問題は解答までの考え方を表す式や文章・図なども書きなさい。

4　右の【図ア】のように，ふたのない直方体の容器に水をいっぱいになるまで入れました。このとき，次の問いに答えなさい。

【図ア】

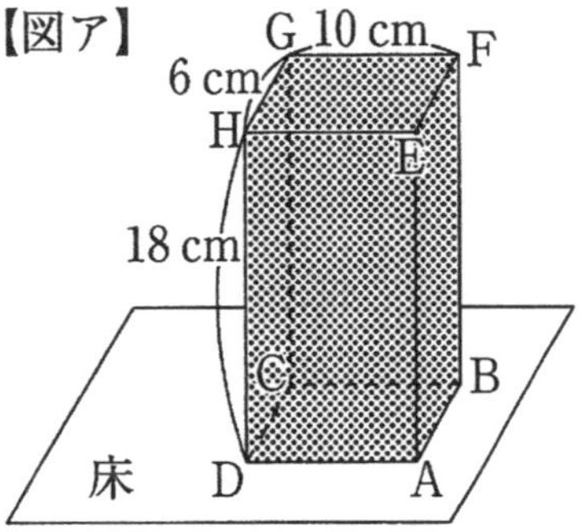

(1)　容器に入っている水の量は何 cm^3 ですか。

(2)　次に【図イ】のように辺 AB だけを床にくっつけた状態で，容器をゆっくりと 45°かたむけて水をこぼしました。

【図イ】

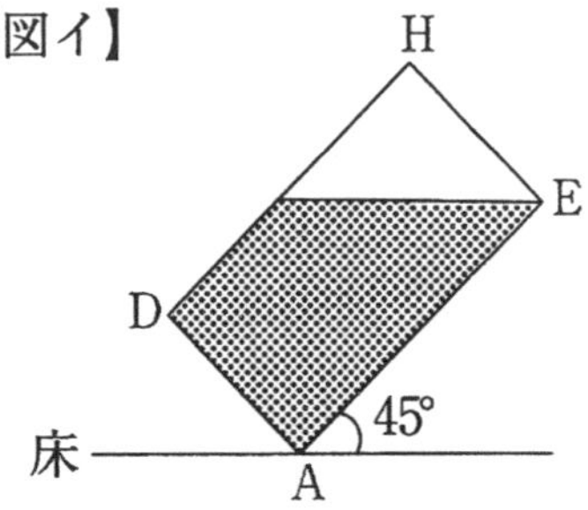

①　こぼした水の量は何 cm^3 ですか。

②　水をこぼしたあと，かたむけた容器をもとにもどしました。このとき，水面の高さは何 cm ですか。

5　右の【図ア】のような タイルを時計回りに90°ずつ回転させながら，【図イ】のように1段目から12段目まで左側から順に規則的に並べました。このとき，次の問いに答えなさい。

【図ア】

【図イ】

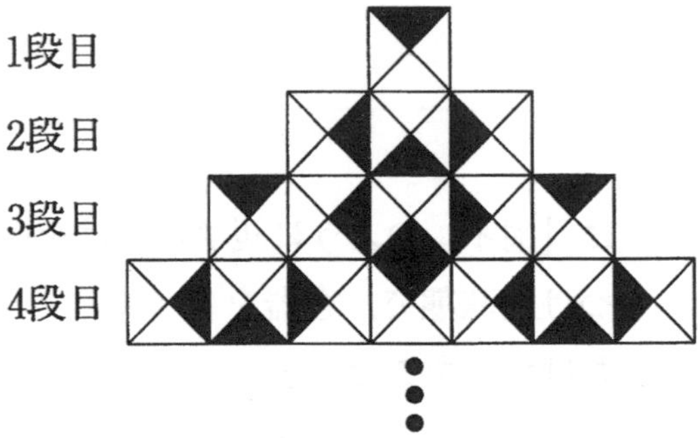

(1)　タイルを全部で何枚並べましたか。

(2)　10段目のちょうど真ん中のタイルと同じ向きのものを次の①～④から1つ選び記号で答えなさい。

①　②　③　④

(3)　それぞれの段の一番左にあるタイル12枚のうち，【図ア】と同じ向きのタイルは何枚ありますか。なお，この問題は解答までの考え方を表す式や文章・図なども書きなさい。

令 和 5 年 度

中村学園女子中学校

入 学 試 験 問 題
（ 前　期 ）

理　科

〔試験時間 40 分〕

注　　意

1．この問題用紙は、「はじめ」の合図があるまで、開いたり書いたりしてはいけません。
2．答えはすべて解答用紙に記入しなさい。
3．問題を読むときには、声を出してはいけません。
4．何かあるときには、静かに手をあげて先生にたずねなさい。
（問題の内容についての質問はできません。）
5．「やめ」の合図があったら鉛筆を置き、解答用紙を裏返しにして、指示を待ちなさい。

1　光合成でつくられるでんぷんについて調べるために，次の【実験】を行いました。あとの問１～３に答えなさい。

図

【実験】

①　夕方，ジャガイモの株に右図のように光を通さない箱をかぶせ，次の日の晴れた朝に箱を取り，表１のような５枚のジャガイモの葉Ａ～Ｅを準備しました。ただし，もとの葉の大きさ，厚さ，光合成のはたらきはすべて同じとします。葉Ａは朝に箱を取った時につみ，残りの葉Ｂ～Ｅは５時間後に葉をつみました。

表１

葉Ａ	そのままの状態のもの （箱を取ってすぐつんだもの）	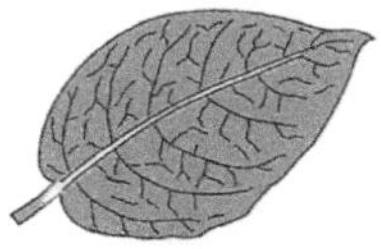
葉Ｂ	そのままの状態のもの	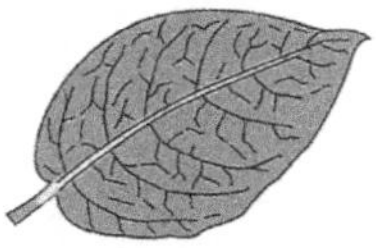
葉Ｃ	葉の全体をアルミはくでおおったもの	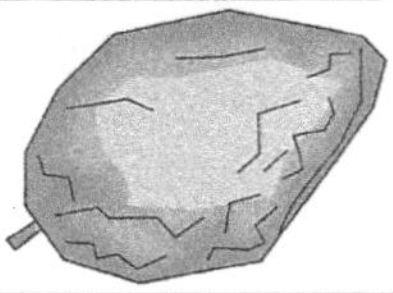
葉Ｄ	葉の全体をうすいガーゼでおおったもの	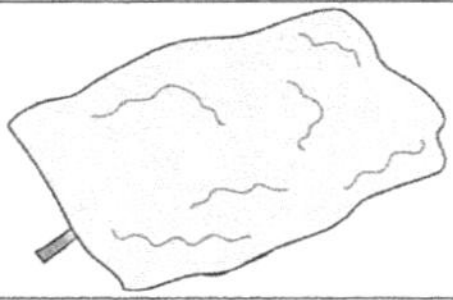
葉Ｅ	葉の半分がふ（緑色でない部分）入りのもの	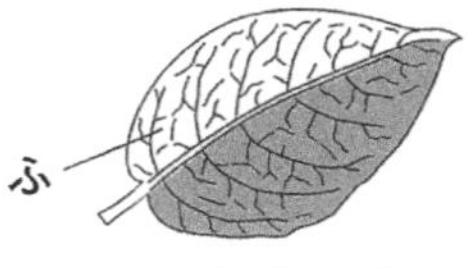

②　次に，葉Ａ～Ｅを十分に乾燥させて重さをはかりました。表２は，葉Ａと比べたときの重さの変化を表しています。ただし，葉を十分に乾燥させてはかった重さの変化は，葉が光合成でつくったでんぷんの重さと呼吸で使ったでんぷんの重さの差で表されるとします。

表２

	葉Ｂ	葉Ｃ	葉Ｄ	葉Ｅ
葉の重さの変化（mg）	＋24	－12	＋6	＋6

③　重さをはかった後，次の手順のようにしてでんぷんがあるかどうかを調べました。

【でんぷんがあるかどうかの調べ方】

葉を [1] 後，60℃のアルコールにひたす。

白くなった葉をとりだし，水で洗ってから [2] に入れる。

問１　[1] にあてはまる操作，[2] にあてはまる薬品について，次の**ア**～**エ**から正しい組み合わせを１つ選び，記号で答えなさい。

	1	2
ア	熱い湯の中に入れた	ヨウ素液
イ	熱い湯の中に入れた	ムラサキキャベツ液
ウ	冷たい水に入れた	ヨウ素液
エ	冷たい水に入れた	ムラサキキャベツ液

問２　光合成をしていると考えられる葉や葉の部分を次の**ア**～**エ**から**すべて**選び，記号で答えなさい。

ア　葉B　　イ　葉C　　ウ　葉D　　エ　葉Eのふの部分

問３　でんぷんがつくられるのに「光の強弱」が影響《えいきょう》していることを確かめるためには，どの葉とどの葉を比べればよいですか。次の**ア**～**エ**から１つ選び，記号で答えなさい。

ア　葉Aと葉C　　イ　葉Bと葉D　　ウ　葉Bと葉E　　エ　葉Aと葉D

2　骨や筋肉について，あとの問１～４に答えなさい。

私たちの体はたくさんの骨と筋肉が組み合わさってできており，それぞれに役割があります。この全身にある骨と筋肉を，（　**X**　）のところで体を曲げて，いろいろな動きをすることができるようになっています。

春子さんは，人のうでをのばしたり曲げたりする仕組みを説明するために，うでの模型を作りました。下の図は，作成中の様子です。うでの骨は，図のように３個の牛乳パックで作り，１か所だけガムテープで止めて，矢印 ⇧ の方向に動くようにしました。筋肉は，ばね**A**，**B**で作り，竹ぐし**1**～**4**のいずれか２か所につけるつもりです。

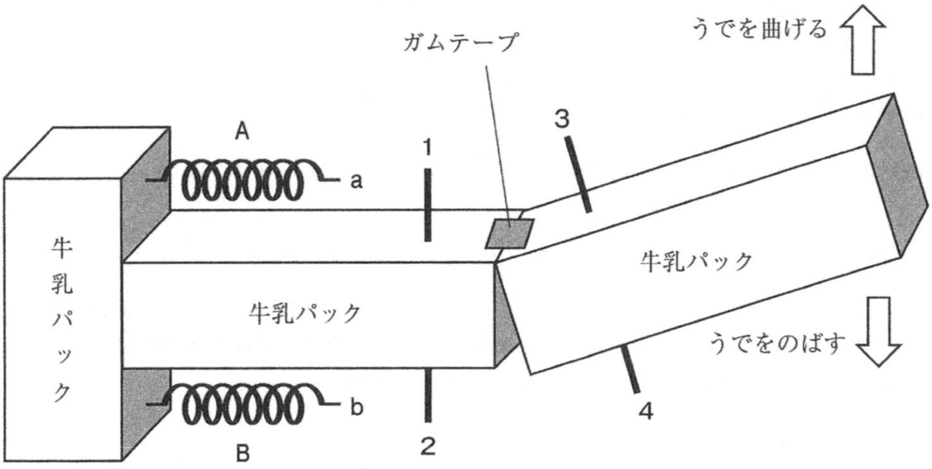

図

問１　文章中の（　**X**　）にあてはまる骨と骨のつながりの部分の名称を**漢字２字**で答えなさい。

問２　人の体において，骨はどのような役割をしていますか。次の**ア**～**エ**から**間違っているもの**を１つ選び，記号で答えなさい。

ア　体を支える役割　　　　**イ**　体の中の臓器などを守る役割
ウ　全身に血液を運ぶ役割　　**エ**　カルシウムをたくわえる役割

問３　ばねA，Bの端a，bは竹ぐし1～4のどれにつけたらいいですか。また，うでを曲げるときにのびる筋肉にあたるのは，ばねA，Bのどちらですか。次の**ア～カ**から正しい組み合わせを１つ選び，記号で答えなさい。

	a	b	うでを曲げたときにのびる筋肉
ア	1	2	A
イ	1	4	A
ウ	3	4	A
エ	1	2	B
オ	3	2	B
カ	3	4	B

問４　動物の骨や筋肉は，その動物の体の形や動きにあった仕組みをもっています。これに関係する動物の特ちょうを説明した文として，次の**ア～エ**から**間違っているもの**を１つ選び，記号で答えなさい。

ア　イヌのかかとの骨は，つま先立ちをして指で全体重を支えている構造をしており，すぐに走り出せるように姿勢を保つことができる。

イ　ハトの骨の中にはすき間が多くあり，軽くすることで空を飛ぶのに適したつくりをしている。

ウ　ヘビは背中の骨の数がとても多くなっており，しなやかに動くことができる。

エ　ゾウの鼻は小さな骨がたくさんあり，自由自在に動かすことができる。

3

次の春子さんと父親の会話文を読み，あとの問１～３に答えなさい。

春子：今日買ったアイスクリームを入れてあった大きなふくろの中に，氷とそっくりな白くて冷たい固体が入っているよ。

父親：それはドライアイスだね。とても冷たいから，手で直接さわらないように気をつけよう。氷よりも低い温度だから冷とう食品の保冷剤《ざい》として使われているんだよ。

春子：ドライアイスから白いけむりが出ているけれど，これは何だろう。

父親：これは「　①　」だよ。霧や雲ができる仕組みと同じだね。せっかくだから，冷とう庫の中に入っている氷とドライアイスをくらべてみよう。

春子：よく見たら氷からも少しだけ白いけむりが出ているね。しばらくしたら氷はとけて小さくなって水が出てきたけれど，ドライアイスはどんどん小さくなるだけで液体が出てこないよ。

父親：いいところに気がついたね。ドライアイスは二酸化炭素でできていて，まわりの空気にあたためられて固体から液体にならずに直接気体に変化しているんだ。

春子：とても不思議な性質だね。ドライアイスや二酸化炭素について，本やインターネットでもっと調べてみようかな。

問１　会話文「　①　」にあてはまる内容を次の**ア**～**エ**から１つ選び，記号で答えなさい。

ア　空気中の水蒸気
イ　空気中の水蒸気がドライアイスによって冷やされてできた小さな水や氷のつぶ
ウ　ドライアイスが気体になった二酸化炭素
エ　ドライアイスが細かくなったつぶ

問２　春子さんが調べたところ，ドライアイスに含まれる二酸化炭素には，ＢＴＢ液の色を変化させるはたらきがあることがわかりました。ＢＴＢ液を入れた水にドライアイスを入れてしばらくたつと，ＢＴＢ液の色は何色になりますか。次の**ア**～**オ**から正しいものを１つ選び，記号で答えなさい。

ア　赤色　　**イ**　白色　　**ウ**　青色　　**エ**　緑色　　**オ**　黄色

問３　春子さんが二酸化炭素について調べた次の**ア**～**オ**の内容には，間違っているものがふくまれています。次の**ア**～**オ**から**間違っているものをすべて**選び，記号で答えなさい。

ア　スチールウールを燃やすとできる。
イ　地球温暖化の原因となっている気体の１つである。
ウ　オゾン層を大量に破かいする原因になっている。
エ　炭酸水にふくまれている。
オ　うすい塩酸に石灰石を入れると出てくる。

4　200 g の水に30 g の食塩をとかしてできた食塩水をフラスコに入れ，図のような装置を組み立ててフラスコをガスバーナーで熱しました。これについて，あとの問1～3に答えなさい。

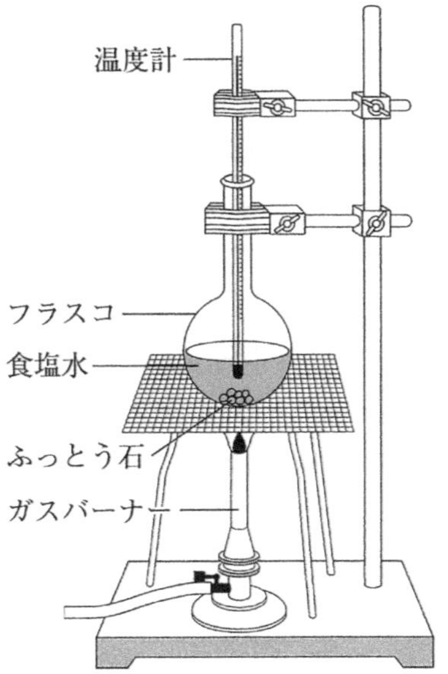

図

問1　この食塩水のこさは何％ですか。割り切れない場合は小数第1位を四捨五入して，整数で答えなさい。

問2　フラスコを熱し始めると，フラスコの内側に小さなあわがつき始めました。さらに食塩水を熱し続けると，食塩水の中から大きなあわが激しく出てくるようになりました。この大きなあわは何であると考えられますか。次のア～エから1つ選び，記号で答えなさい。

ア　酸素　　**イ**　水素　　**ウ**　空気　　**エ**　水蒸気

問3　水よう液のこさによってふっとうする温度が変わることが知られており，何もとけていない水がふっとうする温度は100℃ですが，水100gに対して食塩を3 gとかすと，ふっとうする温度は0.5℃上昇して100.5℃になります。さらに，水よう液のこさが大きくなるほどふっとうする温度が高くなり，水100 g に対して食塩を6 gとかしたときにはふっとうする温度は1℃高くなります。フラスコの中に入れた食塩水がふっとうする温度は，100℃から何℃高くなると考えられますか。

5 次の文章を読んで，あとの問１～５に答えなさい。

近年，天気予報やニュースなどで，「線状降水帯」という言葉をよく耳にします。では，線状降水帯とは一体どのようなものなのでしょうか。

まず，「～降水帯」ということですから，雨が降っている帯状の地域のことを指していると考えられます。また，頭に「線状～」と付いていることから，「幅が狭く，長い距離の」ということを意味していることになります。なお，この場合の幅と距離は，気象庁によると幅が20～50km，距離は50～300kmとされています。しかし，ただその範囲《はんい》に雨が降るということだけではこのように注目されません。必ず，激しい大雨が降るのです。では，なぜそのような大雨になるのでしょうか。

通常，夏に降る大雨は主に（　A　）の発達が起こることにより生じます。しかし，これだけでは，降水帯は線状になりません。それでは，（　A　）の発達がもし連続で起こるとするならばどうでしょうか。線状降水帯とは，（　A　）が「幅が狭く，長い距離の地域に」連続して発生し，連なっているものと考えられています。結果的に，大雨の降る地域が線状に延び，その地域にのみ大雨をもたらすことになるのです。

線状降水帯の形成の流れとしては，大まかに次のように考えることができます。

① まず，大量の（　B　）空気が連続してその地域に流入する。
② 局地的に生じた前線や地形の影響で上昇気流が発生する。
③ 上昇気流により（　A　）が発達する。
④ 上空に吹く風により，（　A　）が移動し，次々に形成され発達した（　A　）が連続して並んでいく。

結果として，線状降水帯が形成されるということになります。しかしながら，線状降水帯についてはまだまだ分かっていないことも多く，これからの研究に注目が集まっています。

問１　（　A　）には，ある雲の種類の名称が入ります。正しい雲の名称を次のア～エから１つ選び，記号で答えなさい。

ア　巻積雲　　イ　積乱雲　　ウ　乱層雲　　エ　層積雲

問２　文章中の①の（　B　）は，日本の夏の空気の特ちょうを表しています。（　B　）に入る正しいものを，次のア～エから１つ選び，記号で答えなさい。

ア　暖かく乾いた　　イ　暖かく湿った
ウ　冷たく乾いた　　エ　冷たく湿った

問３　線状降水帯以外でも，大雨の被害を及ぼすものに台風があります。実は台風も（　A　）が集まってできたもので強い風と大雨をもたらします。右の図は，日本に上陸した台風の様子を表したものです。より大きな被害が出た地域は**X**地区と**Y**地区のどちらと考えられますか。地区の記号を答えなさい。また，その理由を説明した次の文の（　Z　）に適切な言葉を入れなさい。

台風の進む方向の（　Z　）側で，特に強い風が吹くため。

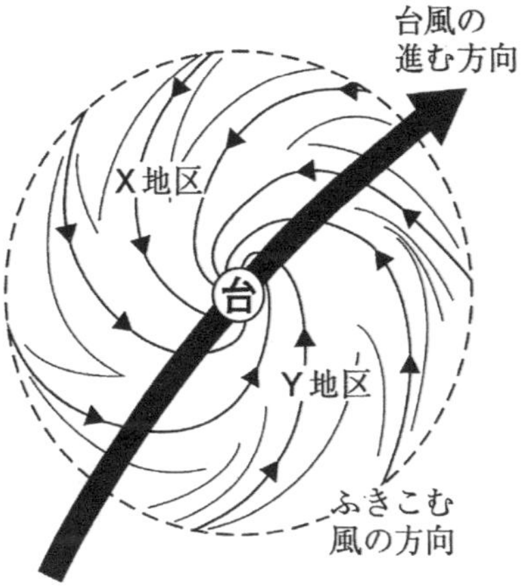

図

問４　近年，日本では大雨による被害が多発しています。そのため，予想される洪水《こうずい》被害の様子や避難《ひなん》場所などが示されている地図が重要視されています。この地図のことを何といいますか。解答欄に**カタカナ４文字**で適切な言葉を入れなさい。

洪水［　　　　］マップ

問５　近年，日本では森林を無理に開発し，大規模ながけくずれなどの大きな災害が起こっています。森林は「緑のダム」といわれ，洪水《こうずい》やがけくずれを防ぐ役割を持っているといわれています。なぜそのようにいわれるのか簡単に説明しなさい。

6　棒を用いた以下の実験について，あとの問１～３に答えなさい。

問１　長さが30cmで，軽くてかたい重さの均一な棒があります。図１のように，棒の中央に軽いひもを結び，棒の左端に100ｇのおもりをつるしました。別にもう一つ200ｇのおもりをつるして棒を水平に保つには，200ｇのおもりは棒の左端から何cmのところにつるせばよいですか。

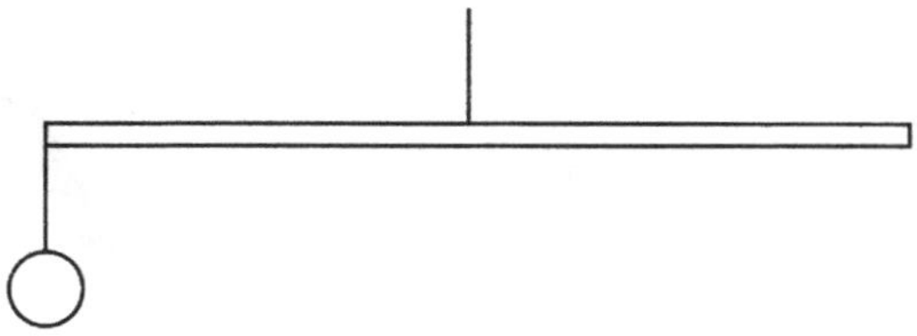

図１

問２　問１と同じ棒を使って図２のように，棒の左端に100ｇのおもりを，右端に200ｇのおもりをそれぞれつるし，棒のある位置に軽いひもを結び，棒を水平に保ちました。ひもを結んだのは左端から何cmのところですか。

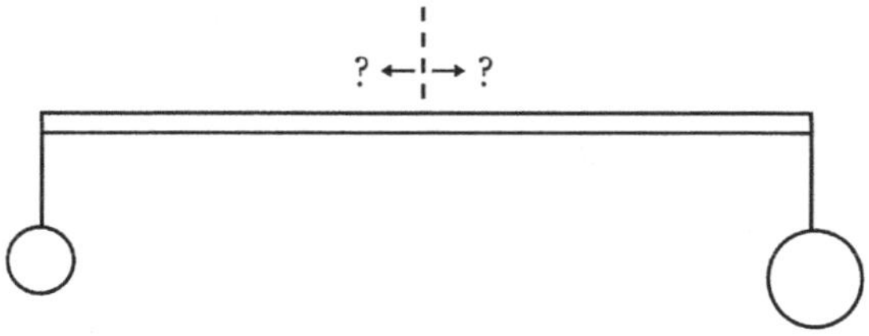

図２

問３　長さが30cmで，軽くてかたい重さの均一な棒２本をつないで作った火ばさみがあります。図３のように，右端は火ばさみが閉じたり開いたりするための可動部になっており，その反対側の左端で物をはさんでつかめるようになっています。

棒の右端から10cmの所を太い矢印のように両側からある力で押すと，左端には，それより小さな力がはたらきます。そうして物をそっとつかむことができます。左端には，右端から10cmの所にかける力の何分の１の力がはたらきますか。分数で答えなさい。

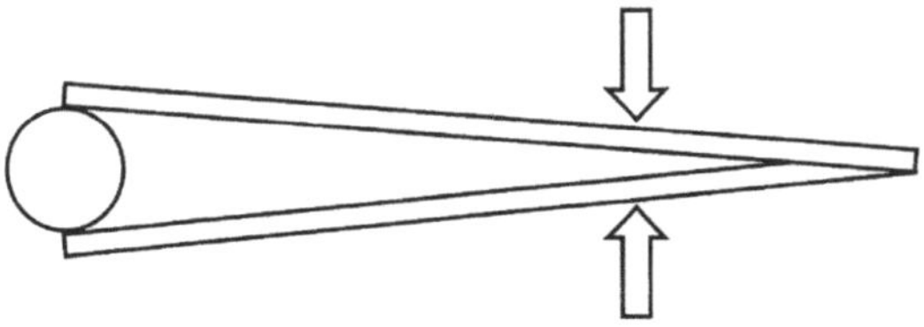

図３

7　図1のように，1個の豆電球，2個の電池，2個のスイッチ（SW1とSW2）からなる回路について，あとの問1～4に答えなさい。ただし，2個の電池は同じもので，新しいものとします。また，SW2は，上側と下側の2つの経路に切り替えができるものとします。

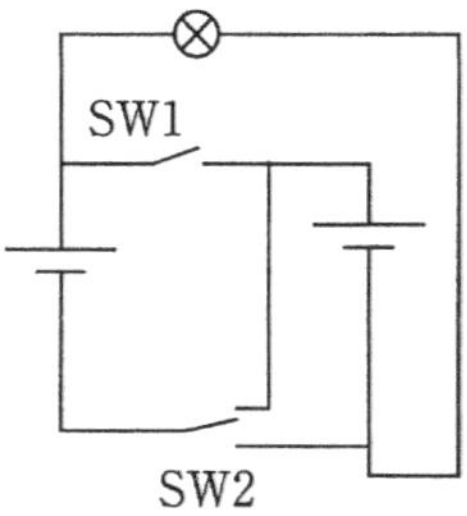

図1

なお，SW1とSW2の状態について，以下の**ア**～**オ**の5通りがあるとします。

ア　SW1をつなぎ，SW2を下側につなぐ。
イ　SW1をつなぎ，SW2を上下どちらにもつながない。
ウ　SW1をつながないで，SW2を上側につなぐ。
エ　SW1をつながないで，SW2を下側につなぐ。
オ　SW1をつながないで，SW2を上下どちらにもつながない。

問1　電池のつなぎ方が並列つなぎになっているのは，SW1とSW2がどのような状態のときですか。上の**ア**～**オ**から，正しいものを1つ選び，記号で答えなさい。

問2　電池が1個しかつながれていないのは，SW1とSW2がどのような状態のときですか。上の**ア**～**オ**から，正しいものを**すべて**選び，記号で答えなさい。

問3　電球の明るさが等しくなる上の**ア**～**オ**の組み合わせを次の**1**～**4**から，正しいものを1つ選び，番号で答えなさい。

1　アとエ　　**2**　イとエ　　**3**　イとウ　　**4**　アとウ

問4　図1の回路の豆電球を電池に，電池を豆電球に付け替え，図2のような回路を作りました。この回路で，豆電球が最も暗くなるのは，SW1とSW2がどのような状態のときですか。上の**ア**～**エ**から，正しいものを1つ選び，記号で答えなさい。ただし，豆電球が2個点灯するときは，1個当たりの明るさを比べることとします。

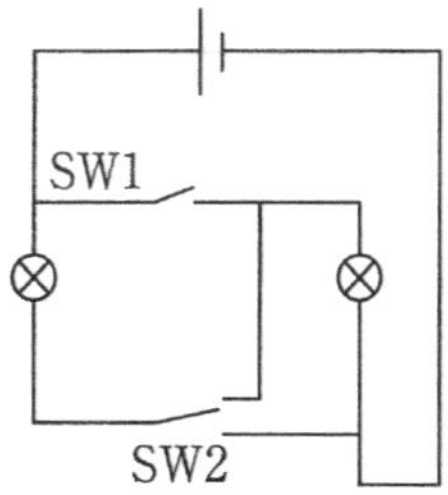

図2

令和5年度

中村学園女子中学校

入学試験問題
（前期）

社会

〔試験時間40分〕

注　　意

1．この問題用紙は、「はじめ」の合図があるまで、開いたり書いたりしてはいけません。
2．答えはすべて解答用紙に記入しなさい。
3．問題を読むときには、声を出してはいけません。
4．何かあるときには、静かに手をあげて先生にたずねなさい。
（問題の内容についての質問はできません。）
5．「やめ」の合図があったら鉛筆を置き、解答用紙を裏返しにして、指示を待ちなさい。

1　リクさんは「人びとの暮らし」に注目して各時代のカードを作成しました。このA～Iのカードを見て、あとの問いに答えなさい。

A　①中国や朝鮮半島から米づくりの技術が伝えられ、板付遺跡からは今から2300年も前の水田のあとが見つかっています。米づくりが始まると、人びとは集まって住み、協力して作業するようになりました。住居の近くには収穫した稲をたくわえるための高床の倉庫がつくられました。

問1　下線部①と日本との関係について述べた文として**誤っているもの**を、次の**ア**～**エ**から1つ選び、記号で答えなさい。

ア　日本に正しい仏教を教えるため、この国から鑑真が日本にむかい、たび重なる苦労のすえにたどり着いた後、僧たちが学ぶ寺院を開き、仏教の発展に大きな役割を果たした。

イ　江戸時代には、将軍が代わるたびごとに、この国から友好とお祝いの使節が送られた。

ウ　邪馬台国の女王卑弥呼が、この国に使いを送ったことが、この国の古い歴史書に記されている。

エ　僧として修業をしながら水墨画を学んだ雪舟が、この国にわたって技能を高め、帰国後、すばらしい作品をのこした。

問2　カードAの時代の暮らしに**みられないもの**として最も適当なものを、次の**ア**～**エ**から1つ選び、記号で答えなさい。

ア

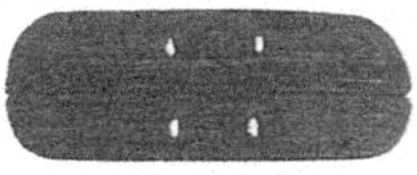

イ

ウ

エ

B　②8世紀の初めには、中国にならった律令とよばれる法律がつくられ、人びとは③さまざまな負担を課せられるようになりました。農民のなかには、重い負担にたえられず、農地をすてて他の土地に移る人もいました。

問3　下線部②のできごととして正しいものを、次の**ア**～**エ**から1つ選び、記号で答えなさい。

ア　白村江の戦いで、日本は中国（唐）と新羅の連合軍に敗れた。

イ　大陸からの渡来人により、日本に仏教が伝えられた。

ウ　唐の都の長安にならって、平城京がつくられ、平城京に都が移された。

エ　中大兄皇子と中臣鎌足らが蘇我氏をたおし、天皇中心の新しい政治をすすめはじめた。

問4　下線部③に関連して、農民の負担である、租・調・庸の説明の組み合わせとして正しいものを、次のア～カから１つ選び、記号で答えなさい。

	租	調	庸
ア	地方の特産物を納める	都で働くか、布を納める	収穫した稲の約３％を納める
イ	地方の特産物を納める	収穫した稲の約３％を納める	都で働くか、布を納める
ウ	都で働くか、布を納める	地方の特産物を納める	収穫した稲の約３％を納める
エ	都で働くか、布を納める	収穫した稲の約３％を納める	地方の特産物を納める
オ	収穫した稲の約３％を納める	都で働くか、布を納める	地方の特産物を納める
カ	収穫した稲の約３％を納める	地方の特産物を納める	都で働くか、布を納める

C　④遣唐使の派遣が停止され、日本風の文化が生まれるころ、社会不安が高まり、⑤人びとの間では極楽往生を願う、浄土信仰が起こりました。

問5　下線部④のころの文化について述べた文として正しいものを、次のア～エから１つ選び、記号で答えなさい。

ア　天皇や貴族、農民、兵士などがよんだうたが約4500首収められている、『万葉集』がつくられた。

イ　紫式部の『源氏物語』や清少納言の『枕草子』は、かな文字で貴族の暮らしや人びとの細やかな感情を美しい文章でえがいた。

ウ　日本の成り立ちを国の内外に示すため、『古事記』や『日本書紀』を完成させた。

エ　本居宣長が『古事記伝』を書きあげ、古くからの日本人の考え方を明らかにしようとする学問である国学を発展させた。

問6　下線部⑤に関連して、12世紀には、都である京都から遠くはなれた地方でも、はなやかな仏教文化が花開きました。この地方で力をもっていた藤原氏は、戦いのない世の中を願って中尊寺を建てました。この中尊寺がある県を、右の略地図中ア～エから１つ選び、記号で答えなさい。また、その県名も答えなさい。

D　まちや村では、祭りや盆踊りなどもさかんに行われるようになりました。田植えのときに豊作を祈っておどられた田楽や、祭りのときに演じられた猿楽は、やがて、能や（　⑥　）として広まりました。能は室町時代に、観阿弥・世阿弥の父子が⑦足利義満の保護を受けて完成させました。

問7　文中の（　⑥　）には、能と同じころに生まれた、当時の日常の言葉を使い、こっけいな動作やせりふで人びとを楽しませた、能の合間に演じられる芸能の名称が入ります。（　⑥　）に入る語句を**漢字２字**で答えなさい。

問８　下線部⑦について述べた文として正しいものを、次のア～エから１つ選び、記号で答えなさい。

ア　中国との貿易を行って富をたくわえ、京都の北山に３層の金閣を建てた。

イ　比叡山延暦寺をせめ，寺などをほとんど焼き払った。

ウ　村に住む人びとを百姓身分とし、これらの人びとが一揆を起こさないように刀狩令を出した。

エ　関ヶ原の戦いで対立する大名たちを破り、全国の大名を従えた。

E　⑧江戸時代の農村では、生産を増やすための新田開発がさかんに行われ、道具や肥料のくふうが広まり、生産が高まりました。また、米の他にも⑨なたねや藍などの商品作物を栽培して、現金収入を得る農民が増えました。

問９　下線部⑧に関連して、江戸幕府８代将軍徳川吉宗の行ったことについて述べた文として**誤っているもの**を、次のア～エから１つ選び、記号で答えなさい。

ア　江戸に「目安箱」を設けて、町人などの人びとの投書も参考にしながら政治をすすめた。

イ　貧しい人びとのために、無料で医療をほどこし入院させる小石川養生所をつくった。

ウ　大名に対して、参勤交代の制度を一時的にゆるめる代わりに幕府に米を納めさせた。

エ　東北や北海道の地図を作成した伊能忠敬に全国各地の測量を命じ、日本地図を作成させた。

問10　下線部⑨について説明した次の文XとYの正誤の組み合わせとして正しいものを、次のア～エから１つ選び、記号で答えなさい。

X　なたね：植物油をとる目的で栽培され、油をしぼったあとは肥料としても使用された。

Y　藍：繊維をとることができ、主に布の原料として使用された。

	ア	イ	ウ	エ
X	正	正	誤	誤
Y	正	誤	正	誤

F　江戸時代には各地に（　⑩　）がつくられ、町人や百姓の子どもは７～８才のころから数年間（　⑩　）に通い、読み書きやそろばんなど生活に役立つ学問を身につけました。⑪19世紀の中ごろ、大きなききんが起こり、農村では百姓一揆が急増し、都市でも打ちこわしが起こりました。

問11　右の図は文中の（　⑩　）に入る語句の様子をえがいたものです。（　⑩　）に入る語句を、**漢字３字**で答えなさい。

問12　下線部⑪に関連して、幕府の役人や商人がききんで苦しんでいる人びとを救おうとしないことに抗議して、大阪で兵をあげた幕府の元役人の名前を**漢字**で答えなさい。

G　⑫明治時代になると、東京・横浜・大阪などの都市を中心に、西洋風の暮らしや文化が広がり、乗り物や、建物をはじめとするまちなみも大きく変わりました。また、⑬明治政府は一定の年齢のすべての子どもに教育を受けさせるため、学校制度をつくりました。

問13　下線部⑫に関連して、次の図は明治時代の初めの東京の様子をえがいたものです。この絵をみて、新しく広まったと考えられる乗り物や建物、街の様子の説明をしてください。

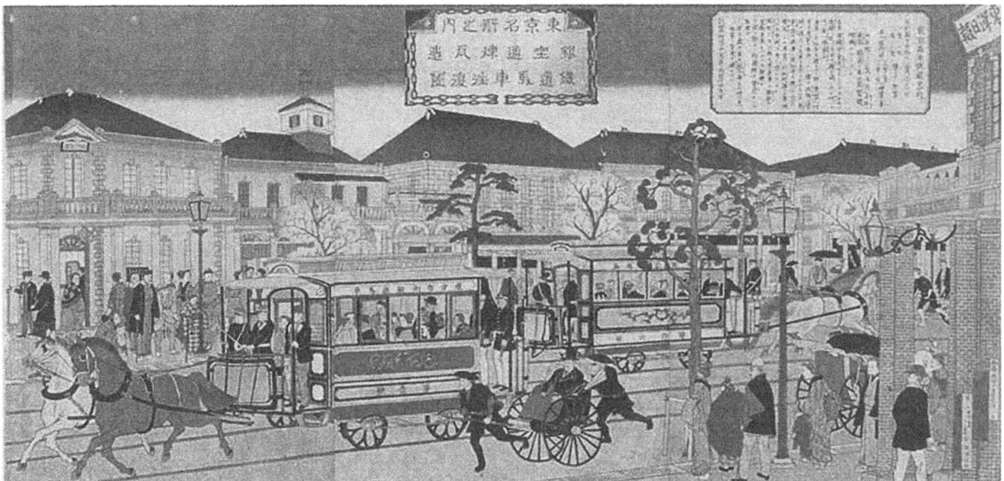

（「江戸東京博物館　デジタルアーカイブス」より）

問14　下線部⑬が行ったこととして波線部が**誤っているもの**を、次のア～エから１つ選び、記号で答えなさい。

ア　大名が治めていた領地と領民を天皇に返すように命じたのち、すべての藩を廃止して県を置く廃藩置県を行い、各県には政府の役人を派遣した。

イ　国の収入を安定させるために、これまでの年貢に代わって、土地の価格に応じた地租という税金を取る地租改正を行った。

ウ　国民による西洋式の強い軍隊をつくるために、18才以上のすべての男子に兵役の義務を定めた徴兵令を出した。

エ　経済を発展させるために、国の費用で外国から機械を買い入れ、製糸場や兵器工場などの官営工場をつくった。

H	⑭満州事変以降、戦争が長引くなかで、国内では、労働力や物資の不足が深刻になりました。こうした中で、国民全体を積極的に協力させる体制がつくられていきました。太平洋戦争末期には、本土への空襲も激しくなり、やがて終戦をむかえました。

問15　下線部⑭より以前に起こったできごととして**誤っているもの**を、次のア～エから１つ選び、記号で答えなさい。

ア　小学校が国民学校と改められた。

イ　新渡戸稲造が国際連盟の事務次長を務めた。

ウ　25才以上のすべての男性に選挙権が認められた。

エ　北里柴三郎が破傷風の治療法を発見した。

問16　カードHに関連して、満州事変から太平洋戦争が終わるまでのできごとに関する文として**誤っているもの**を、次のア～エから１つ選び、記号で答えなさい。

ア　長引く戦争に国の総力をあげて取り組むため、国家総動員法が制定された。

イ　米の値段が急激に上昇したため、米の安売りを求める運動が全国に広がり、各地で民衆が米屋などをおそう米騒動に発展した。

ウ　朝鮮の人々に対して、名前を日本式に変えさせたり、日本軍の兵士として徴兵し、戦地に送り出したりした。

エ　各都市への激しい空襲、沖縄への上陸、原子爆弾の投下などによる大きな犠牲をはらい、日本は連合国に降伏した。

I　⑮1950年代半ばから1970年代初めにかけて、高度経済成長とよばれる経済発展がおこり、家庭には電気製品が普及し、国民の生活は豊かになっていきました。しかし、⑯産業が発展していく一方で、生産活動によって環境が汚染され、人びとの健康や命がおびやかされる公害の問題が起こりました。

問17　下線部⑮に起こった次のア～エのできごとを、解答欄に合うように、**古い方から順番に**並べなさい。

ア　日韓基本条約を結ぶ

イ　日本が国際連合に加盟する

ウ　東海道新幹線（東京－大阪）が開通する

エ　札幌オリンピックが開催される（冬季）

問18　下線部⑯に関連して、公害病のなかでも特に多くの被害者を出した四大公害病のうち、カドミウムを原因として起こった公害病を何といいますか、答えなさい。

d

e

ば

飼料や畑作の肥料に使われていたが、

豆腐そのもののの値段も高くなるから。

1枚目得点

※

※

※印のところは記入しないこと

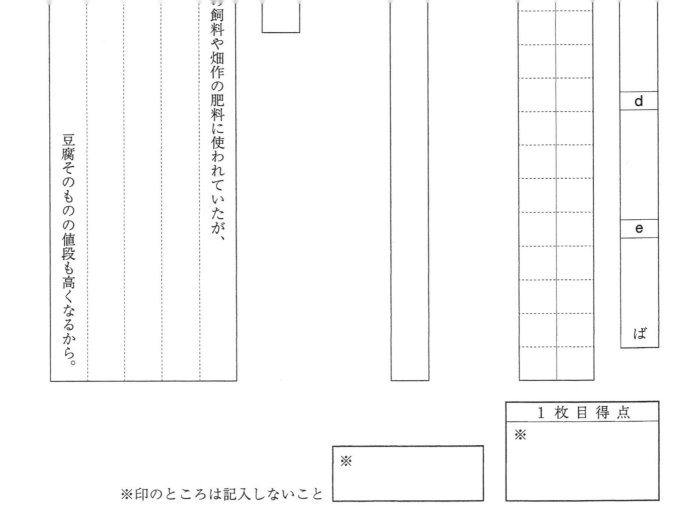

める

d

い

e

問四

1

2

点。

※印のところは記入しないこと

※

2 枚 目 得 点
※

合 計 得 点
※

※100点満点
（配点非公表）

	cm	cm^2	cm^2

3

(1)	(2)

(3)
説明

※印のところは記入しないこと

※

1 枚 目 得 点
※

2 枚 目 得 点

※

合 計 得 点

※

※印のところは記入しないこと

※

※100点満点
（配点非公表）

5

問1	問2	問3				問4			
		地区		Z					

問　5

6

問　1	問　2	問3
cm	cm	

7

問1	問　2	問3	問4

※印のところは記入しないこと

※

得　　点
※

※75点満点
（配点非公表）

2

問　1	問　2	問　3	問　4（運賃・所要時間）	
	県		円	分

問　4（行き方案内）

問　5	問　6				問　7			
	(1)		(2)		(1)		(2)	

3

問　1	問　2				問　3

問　4

問　5					
(1)		(2)			

※印のところは記入しないこと

※

得　　点
※

※75点満点
（配点非公表）

受験番号	

氏名	

社　会　解　答　用　紙　(中学前期)

1

問　1	問　2	問　3	問　4	問　5

問　6		問　7	問　8	問　9
記号	県			

問　10	問　11	問　12

問　13

問　14	問　15	問　16	問　17
			→ → →

問　18

【解答用

受験番号	

氏名	

理　科　解　答　用　紙　（中学前期）

1

問1	問　2	問3

2

問　1		問2	問3	問4

3

問1	問2	問　3

4

問　1	問2	問　3

【解答用

受験番号	

氏名	

算 数 解 答 用 紙 ２枚目 （中学前期）

4

(1)	(2)	
cm^3	① cm^3	② cm

5

(1)	(2)
枚	

(3)
説明

受験番号	

氏名	

算 数 解 答 用 紙 1枚目 (中学前期)

1

(1)	(2)	(3)
(4)	(5)	

2

(1)		(2)	
分　　　秒		5円玉　　　枚 ， 10円玉　　　枚	
(3)	(4)	(5)	(6)
m	km^2	人	：

【解答用

受験番号

氏名

国語解答用紙　2枚目　（中学前期）

二

問一
a
b

問二
A
B
C

問五

問六

問七
X
Y

問八

問九

問十

受験番号

氏名

国語解答用紙 1枚目 （中学前期）

一

問一
a
b

問二

問三
〜

問四

問五
X
Y

問六
A
B
C

問七
カタクチイワシはアメリカに輸出さ

【解答

2　次の会話は、2022年７月に行われたものです。２人の会話を読んで、あとの問いに答えなさい。

ウミ：この間テレビをつけたら、世界水泳が放送されていたの。
ソラ：どこが会場だったの？
ウミ：ハンガリーの首都のブダペストだよ。
ソラ：ハンガリーってヨーロッパにある国だよね。
ウミ：そうそう。ヨーロッパの中央部にある海に面していない国だね。①ウクライナ、スロバキア、オーストリア、スロベニア、クロアチア、セルビア、ルーマニアの７か国に囲まれた国なんだ。
ソラ：７か国に囲まれているなんて、日本の（　②　）県に似ているね。
ウミ：確かにそうだね。ねぇ、知ってる？次の世界水泳は、来年、福岡市で開かれるんだって！
ソラ：えー、知らなかった。世界中からたくさんの人が福岡に来るってことだよね。楽しみだなー。
ウミ：もともと福岡では、去年世界水泳が開かれる予定だったんだって。でも、新型コロナ感染症拡大の影響《えいきょう》で、東京オリンピックが１年延期になって、その関係で世界水泳も１年延期になったみたい。だけど、日本で新型コロナ感染症が再拡大したことによって、結局、来年福岡で開かれることになったらしいよ。
ソラ：そんな大変な経緯があったんだね。でも、来年には③地下鉄七隈《ななくま》線が博多駅までつながるから、選手やスタッフ、観客など多くの人が④福岡観光しやすくなって、⑤福岡県全体が元気になりそうだね！
ウミ：私もそう思う。最近は暗いニュースが多かったから、こういうイベントはウキウキするね！
ソラ：うん、今からとても楽しみだね。せっかくだから、⑥日本とハンガリーを比べてみようよ！
ウミ：いいね！⑦福岡市とブダペストも比べてみようよ！

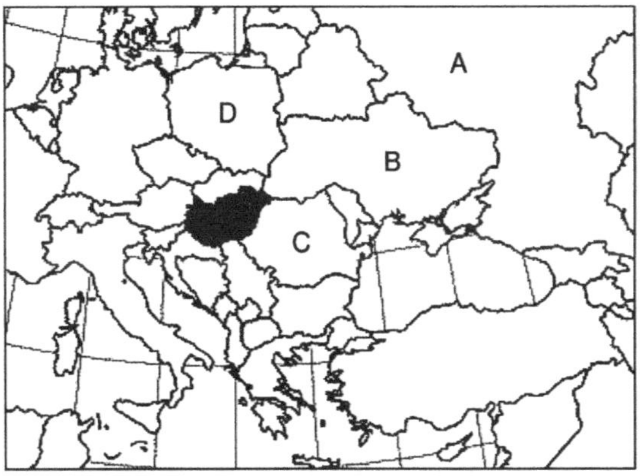

問１　下線部①の国の位置として最も適当なものを、右の略地図中**A**～**D**から１つ選び、記号で答えなさい。なお、略地図中に●で示している国がハンガリーです。

問２　（　②　）には、７つの県に囲まれた県名が入ります。美濃《みの》焼や長良《ながら》川の鵜飼《うかい》で有名な、この県の県名を**漢字**で答えなさい。

問３　下線部③に関連して、新しくできる駅の名称を次の**ア**～**エ**から１つ選び、記号で答えなさい。
ア　住吉神社前駅　　**イ**　櫛田《くしだ》神社前駅　　**ウ**　愛宕《あたご》神社前駅　　**エ**　警固《けご》神社前駅

問４　下線部④について、次の図は福岡県の観光地として有名な太宰府への、電車やバスでの行き方を英語で示したものです。図中の［　　　］は、空港や駅の名前を示しています。図や下の表を参考にし、後の＜情報・条件＞を読み、西鉄天神大牟田線の太宰府駅までの行き方を案内してください。

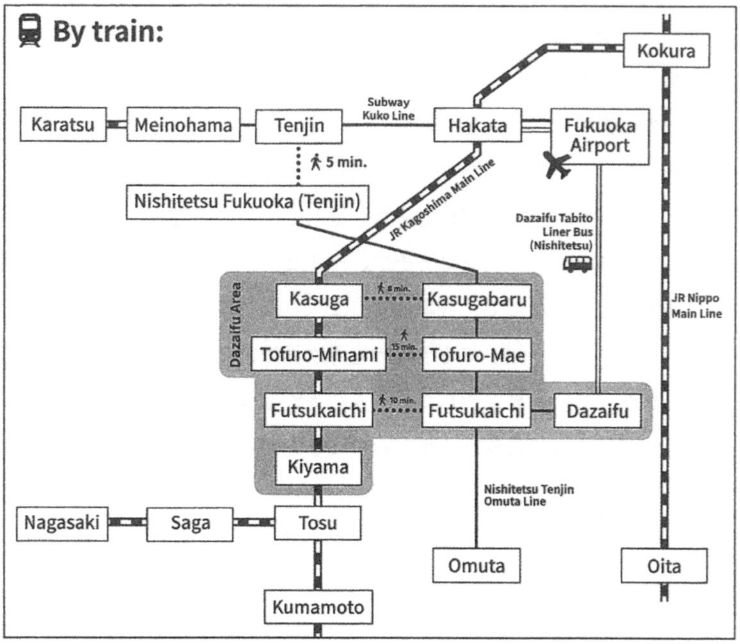

（『古代日本の「西の都」～東アジアとの交流拠点～』パンフレットより）

◆運賃および最短所要時間（2022年12月１日現在）

Subway Kuko Line：地下鉄空港線	運賃・時間
・博多駅　～　福岡空港駅	260円・５分
・天神駅　～　福岡空港駅	260円・11分
・博多駅　～　天神駅	210円・５分
JR Kagoshima Main Line：ＪＲ鹿児島本線	**運賃・時間**
・博多駅　～　春日駅	230円・11分
・博多駅　～　都府楼《ろう》南駅	280円・18分
・博多駅　～　二日市駅	280円・16分
Nishitetsu Tenjin Omuta Line：西鉄天神大牟田線	**運賃・時間**
・春日原駅　～　二日市駅（乗りかえ）　～　太宰府駅	260円・17分
・都府楼《ろう》前駅　～　二日市駅（乗りかえ）　～　太宰府駅	210円・17分
・福岡（天神）駅　～二日市駅（乗りかえ）　～　太宰府駅	410円・28分
・二日市駅　～　太宰府駅	160円・６分
Dazaifu Tabito Liner Bus(Nishitetsu)：太宰府ライナーバス旅人（西鉄バス）	**運賃・時間**
・博多駅のバスターミナル　～　太宰府駅前	610円・40分
・福岡空港国際線ターミナル　～　太宰府駅前	510円・25分

（「福岡市地下鉄」、「にしてつ時刻表」、「ＪＲおでかけネット」Webサイトにより作成）

＜情報・条件＞

- ●案内する相手は、海外から初めて福岡を訪れた**X**さんです。日本各地には何度も訪れています。
- ●**X**さんは、福岡空港から福岡に入り、博多と天神の間にある「キャナルシティ博多」周辺のホテルに泊まっています。ホテルから博多・天神まで行くには、どちらも徒歩で約15分かかります。
- ●**X**さんは、朝ホテルを出発して太宰府観光をした後、夕方、天神周辺で食事をする予定です。そのため、**太宰府駅に１時間以内に到着できるルート**を案内してください。その際の**運賃**と**所要時間**も解答用紙に記入してください。
- ●車やバスの**出発までや乗りかえのための待ち時間は考えない**ものとします。ただし、駅やバス停を徒歩で移動する時間は計算に入れてください。
- ●**地図にのっていないルートは考えない**ものとします。
- ●**X**さんには、「やさしい日本語」を使って案内してください。「やさしい日本語」とは、日ごろ使われている言葉を、外国人にも分かるように言いかえたり、一文を短くしたりした日本語のことです。

例：・避難してください　→　にげてください

・○○から□□自動車道を利用して、△△インターで下りて◇◇に向かいます。

→　○○から□□自動車道を使います。△△インターで下ります。◇◇に行きます。

問５　下線部⑤では、県内でさまざまな農産物が作られています。次の**A**～**C**のグラフは、いちご・ぶどうの生産、きくの出荷量のいずれかの上位都道府県と全国に占める割合を示したものです。**A**～**C**と農産物名の正しい組み合わせを、下の**ア**～**カ**から１つ選び、記号で答えなさい。

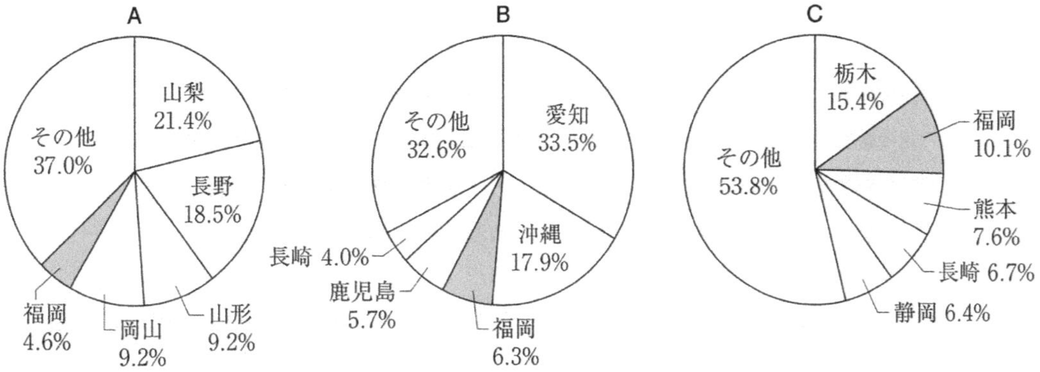

統計年次は、すべて2019年。

（『楽しく学ぶ　小学生の地図帳』等により作成）

	ア	イ	ウ	エ	オ	カ
A	いちご	いちご	きく	きく	ぶどう	ぶどう
B	きく	ぶどう	いちご	ぶどう	いちご	きく
C	ぶどう	きく	ぶどう	いちご	きく	いちご

問６　下線部⑥について、次の表は２人が調べた内容をまとめたものです。この表を見て、あとの問いに答えなさい。

	日本	ハンガリー
人口（2020年）	約12427万人	約966万人
面積	約38万㎢	約９万㎢
通貨	円	フォリント
首都	東京	ブダペスト
首都の緯度・経度	北緯35度・東経139度	北緯47度・東経19度
首都の標高	6.1m	138m
森林の割合*（2018年）	68.4%	22.5%
農地の割合*（2018年）	13.7%	58.1%
おもな輸出品（2020年）	★	■
おもな輸入品（2020年）	▲	◆
穀物自給率（2018年）	29%	145%
国際観光客数**（2019年）	31882千人	16937千人
二酸化炭素排出《はいしゅつ》量（2018年）	一人あたり8.5トン	一人あたり4.6トン

*土地面積に対する割合。土地面積とは、国土面積から内水面（川、湖、沼、池など）面積を除いた面積。
**外国人が旅行に訪れた数。

（『データブック　オブ・ザ・ワールド　2022年版』等により作成）

(1)　表中の★・■・▲・◆には、次の**ア**～**エ**のいずれかが入ります。このうち、▲にあてはまるものを、**ア**～**エ**から１つ選び、記号で答えなさい。

ア　機械類40.1%、自動車16.4%、医薬品5.9%、精密機械2.9%、金属製品2.2%

イ　機械類37.8%、自動車9.4%、医薬品5.5%、金属製品3.4%、精密機械3.2%

ウ　機械類35.7%、自動車18.9%、精密機械6.0%、鉄鋼3.8%、化学薬品3.4%

エ　機械類26.1%、原油6.8%、液化天然ガス4.7%、医薬品4.6%、衣類4.1%

(2)　この表から読み取ることのできる内容として正しいものを、下の**ア**～**カ**から**すべて**選び、五十音順に並べて記号で答えなさい。

ア　日本の方がハンガリーよりも人口密度が高い。

イ　首都の緯度・経度を見ると、日本の方が東西南北に広く、排他的経済水域も広い。

ウ　日本は山地よりも平野の面積の割合が高いので、森林よりも農地の割合が高いと考えられる。

エ　日本は米、野菜、肉類などすべての食料自給率が低いので、穀物自給率も低いと考えられる。

オ　日本よりもハンガリーに多くの観光客が訪れている理由は、ユーロを利用できるためである。

カ　日本の二酸化炭素排出量が多い原因の一つとして、フードマイレージの高さが考えられる。

問７　下線部⑦について、あとの問いに答えなさい。

(1)　２人は福岡市とブダペストの直線きょりを、地理院地図の計測機能を使って調べました。その結果、約8700kmはなれていることが分かりました。これは地球何周分のきょりに最も近いでしょうか。次の**ア**～**エ**から１つ選び、記号で答えなさい。

ア　地球半周分　　**イ**　地球３分の１周分　　**ウ**　地球５分の１周分　　**エ**　地球７分の１周分

(2)　次の図は、福岡市とブダペストの気温と降水量を示したものです。２人はこれらの図を見て、２つの都市の気候について考察をまとめました。下の文中の（　Ⅰ　）～（　Ⅲ　）に入る語句の組み合わせとして正しいものを、下の**ア**～**エ**から１つ選び、記号で答えなさい。

福岡市

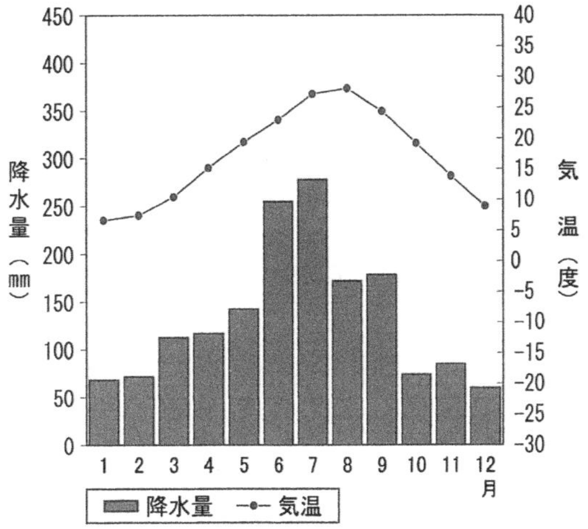

ブダペスト

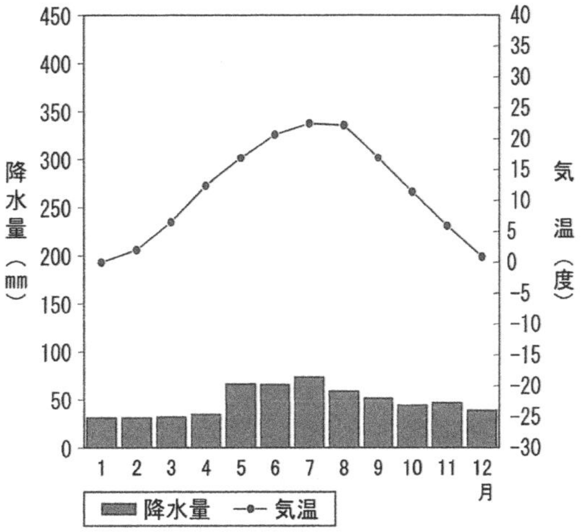

（気象庁資料等により作成）

２つの都市は同じ温暖湿潤《しつじゅん》気候という気候区に属していることを知りました。しかし、同じ気候であっても、気温や降水量には大きなちがいがあることも分かりました。ブダペストは、福岡市より緯度が（　Ⅰ　）いなどの理由で、全体的に気温が低いと考えられます。また、福岡市の方が夏に降水量が多い理由として季節風の影響《えいきょう》があります。また、６～７月は（　Ⅱ　）の影響《えいきょう》、８～９月以降は（　Ⅲ　）の影響《えいきょう》で特に降水量が多くなり、ブダペストとの大きなちがいを生み出していると思います。

	ア	イ	ウ	エ
（　Ⅰ　）	高	高	低	低
（　Ⅱ　）	梅雨	台風	梅雨	台風
（　Ⅲ　）	台風	梅雨	台風	梅雨

3　次の文章を読み、あとの問いに答えなさい。

①日本国憲法は、悲惨な戦争を二度とくり返さないという強い決意のもとに、（　②　）の原則をかかげ、外国との間に問題が起こっても、③決して戦争をしないこと、そのために戦力（武力）を持たないことを定めています。

核兵器の被害を受けた、ただ一つの被爆国である日本は、「核兵器を［　　④　　］」という非核三原則をかかげています。また、毎年日本で原水爆禁止世界大会を開いたり、国の内外で被爆体験を語りつぐ活動を行ったりするなど、核兵器のない⑤平和な世界を目ざす運動で、世界の中でも重要な役割をになっています。

戦争による不幸な体験をくり返すことがないように、過去の歴史に学び、世界の人々との理解を深めて、平和を実現するための努力をしていくことが大切です。

問１　次の**A**～**C**の文は、下線部①について述べたものです。**A**～**C**の正誤の組み合わせとして正しいものを、下の**ア**～**ク**から１つ選び、記号で答えなさい。

A　憲法は、国の政治の基本的なあり方を定めたものであり、法律はすべて、憲法にもとづいていなければならない。

B　日本国憲法は、憲法を改正するときに必要な手続きの一つとして、国民投票を行うことを定めている。

C　基本的人権の尊重という日本国憲法に示された考え方にもとづいて、2016年に障害者差別解消法が施行された。

	ア	イ	ウ	エ	オ	カ	キ	ク
A	正	正	正	正	誤	誤	誤	誤
B	正	正	誤	誤	正	正	誤	誤
C	正	誤	正	誤	正	誤	正	誤

問２　（　②　）に入る語句を**漢字４字**で答えなさい。

問３　下線部③に関する内容が書かれているのは、日本国憲法の第何条ですか。次の**ア**～**エ**から１つ選び、記号で答えなさい。

ア　第７条　　**イ**　第９条　　**ウ**　第11条　　**エ**　第25条

問４　［　④　］に入る言葉を答えなさい。

問５　下線部⑤について、右の写真の人物は、福岡県出身の医師で、人々が平和な暮らしを営み続けていくこと、独自の文化や伝統が尊重されることを願いながら、活動を積み重ねてきました。彼は、戦乱が続くアフガニスタンで、医療活動だけでなく用水路をつくるなど、人々を助けるための仕事（人道《じんどう》支援《しえん》）に尽くしました。この人物について、あとの問いに答えなさい。

(1)　この人物の名前を、次の**ア**～**エ**から１つ選び、記号で答えなさい。

ア　山中　伸弥　　　　**イ**　吉野　彰

ウ　中村　哲　　　　　**エ**　大隅　良典

(2)　この人物は、ペシャワール会の現地代表として活動を行いました。ペシャワール会のように、平和や人権、環境などの問題に対して、国のちがいをこえて協力して活動している民間団体を非政府組織といいます。この略称を**アルファベット３字**で答えなさい。

令和４年度

中村学園女子中学校

入学試験問題
（前期）

国語

〔試験時間50分〕

注意

1．この問題用紙は、「はじめ」の合図があるまで、開いたり書いたりしてはいけません。
2．答えはすべて解答用紙に記入しなさい。#解答用紙は２枚あります。
3．問題を読むときには、声を出してはいけません。
4．何かあるときには、静かに手をあげて先生にたずねなさい。
（問題の内容についての質問はできません。）
5．「やめ」の合図があったら鉛筆を置き、解答用紙を裏返しにして、指示を待ちなさい。

#教英出版 編集部 注
編集の都合上、解答用紙は両面に掲載しています。

一

次の文章を読んで後の問いに答えなさい。ただし、字数制限のある場合は、句読点や記号なども字数に含みます。設問の都合上、原作の表現を一部を変更しています。

> 次の文章は、論理学における「変項」について述べたものです。変項は、「正しい」か「正しくない」かがわからない物事について、「正しい」理由を証明するために用いられます。例えば、
> （1）これは赤い花である
> ▼「花」を「a」におきかえる
> （2）これは赤いaである
> 「a」には、「家」や「鳥」のような物の名前をあてはめる（代入する）と意味がわかる文章を作ることができます。「a」のような文字のことを「変項」といいます。

では、なぜわざわざ文字を変項として使うのかといえば、それは表現の形式をとり出すためにである。たとえば次のようなⅠごく短い※論証を考えてみよう。

（3）人間はだれでもまちがいをおかす
ホメロスは人間である
だからホメロスもまちがいをおかす

これが正しい論証、つまり①二つの前提が正しいかぎり結語も正しくなるものであることはだれにも直観的にわかることと思う。ところで、この論証では古代ギリシヤの大詩人ホメロスのことが話題になっているが、ホメロスではなく弘法大師についても似たような論証がⓐセイリツする。つまり

（4）人間はだれでもまちがいをおかす
弘法大師は人間である
だから②弘法大師もまちがいをおかす

は、やはり正しい論証である。それだけではなく、「ソクラテス」、「孔子」、「リンカーン」などといった名前、［A］、歴史上の人物の名前にはかぎらず現在の※任意の有名、無名の個人の名前を持ち出しても似たような論証が書ける。つまり

（5）人間はだれでもまちがいをおかす
aは人間である
だからaもまちがいをおかす

という表現の「a」のところに任意の人名を代入すると、常に正しい論証が得られるのである。いいかえれば（5）は、論証の形式であり、この形式があてはまる論証はみな正しい論証である。

論証には、数学の教科書で程度の高いもののなかに出てくる※定理の証明などのようにきわめて長く、こみ入ったものもある。しかし、そ

ういう論証でも、[B]、それが正しいものであれば、これを分析することにより、ごく短い論証（しばしば「推論」とⓑ呼ばれる）のつみⓒ重ねのかたちに書きかえることができる場合が多い。そうして短い論証、つまり推論の中で正しいものについては、限られた数の形式のどれかがあてはまることが多い。このことに二千年あまり前に気づいた人たちがインドやギリシヤにいた。③そういう人たちは、この形式がいくつあるか、またなんらかのⓓジョウケンでこの形式が分類できないか、ということを考えた。その結果おこったのが、「論理学」と呼ばれる学問である。すなわち、論理学とは正しい推論の形式の整理・分類から始めて、論証の形式や理論の論理的な構造などの研究をおこなう学問である。昔は哲学の一分科とされていたが、近頃ではその研究方法が数学の方法と似てきたために、時々は数学の一部門に数えられることもある。④数学と哲学との中間にある学問といった方がよいかも知れない。その成果の一部はコンピュータ関係の学問にもⓔリヨウされることがある。

[C]、この論理学では推論の形式を示すのに変項を使う。その一例が（5）である。この（5）の中の「まちがいをおかす」を「b」でおきかえると

（6）　人間はだれでもb
　　　aは人間である
　　　だからaもb

という形式ができる。この形式の「a」に任意の人名、「b」に性質をあらわす任意の表現、たとえば「命が惜《お》しい」とか「幸福になりたい」とかを代入すれば、やはり常に正しい推論が得られることはⅡたやすく察せられるであろう。

（吉田夏彦『記号論』ちくま学芸文庫より）

※論証…何らかの理由をもとに、何らかの結論を出すこと。
※任意…自由に選ぶこと。
※定理…すでに正しいことであると証明されていること。

問一　二重傍線部ⓐ～ⓔのカタカナは漢字に直し、漢字はその読みをひらがなで書きなさい。

問二　[A]～[C]に入る語句として、最も適切なものを次のア～ウの中からそれぞれ一つずつ選び、記号で答えなさい。

ア　もし　　イ　さて　　ウ　あるいは

問三　波線部Ⅰ・Ⅱの語句の本文中における意味として、最も適切なものを次のア～エの中からそれぞれ一つずつ選び、記号で答えなさい。

Ⅰ　ごく

ア　少しだけ　　イ　きわめて

ウ　ますます　　エ　ほとんど

Ⅱ　たやすく

ア　簡単に　　イ　すぐに

ウ　気軽に　　エ　たしかに

問四　傍線部①「二つの前提」とありますが、（3）の論証において「二つの前提」はどこにあたりますか。（3）から抜き出して答えなさい。

問五　傍線部②「弘法大師もまちがいをおかす」とは、「弘法にも筆の誤り」という慣用句にもとづいた表現であり、「弘法大師ほどの書道の達人であっても字を間違えることがある」という意味です。このように「その道の名人と言われるような者でも失敗をすることがある」という意味の慣用句・ことわざを次のア～オの中からすべて選び、記号で答えなさい。

ア　帯に短したすきに長し

イ　さるも木から落ちる

ウ　たなからぼたもち

エ　石の上にも三年

オ　かっぱの川流れ

問六　傍線部③「そういう人たち」とはどのような人たちのことですか。その説明をした次の文の［X］・［Y］を埋めなさい。なお、それぞれ指定された文字数で本文中の語句を使って答えること。

［X（三十字程度）］ことに気づいた［Y（二十字程度）］。

問七　傍線部④「数学と哲学との中間にある学問」とは何を指していますか。本文中から三字で抜き出して答えなさい。

問八　（６）の形式のａとｂに正しい推論が得られるような表現を考えて答えなさい。ただし、本文中に挙げられている例は使わないこと。

※　問題は次ページに続きます。

二

次の文章を読んで後の問いに答えなさい。ただし、字数制限のある場合は、句読点や記号なども字数に含みます。設問の都合上、原作の表現を一部を変更しています。

ただえんえんと窓磨く人　　鈴代《すずよ》
①病床の我が手を照らす冬の月　　萌《もえぎ》

> これは鈴代が作った句に、萌が句をつけたものです。このような形式のものを連句といいます。連句とは、最初の句に対して、その情景から次の句を想像し、五・七・五の長句と七・七の短句を一定の規則に従って、何人かで交互にくりかえしていく文芸です。次の場面は、連句会に出席している人々が、この句について話し合っている場面です。

「ああ、いいですね」

「ほんと。冴《さ》え冴《ざ》えとしてきれいだし、ここまでⓐ病気は出てこなかったし」

悟《さとる》さんと桂子《けいこ》さんが言った。

「そうですね。この人は女性ですかねえ。けっこう年配の……」

航人《こうじん》さんが訊《き》く。

「そうです。どうしてわかったんですか?」

萌さんが（　X　）答えた。

「前句はオフィスの窓でしたが、ここでは家庭の窓と読み替えて、ずっと家の窓を拭いてきた主婦が年をとって病で入院している……そんな風景かな、と」

「そうなんです。実は、ほんとにあった話で。わたしの祖母のことなんです。もうだいぶ前に亡くなりましたが、最後の方、ずっと病院で……。お見舞いに行くたびに家のことを気にしてたんですよ。窓はきれいになってるのかなあ、ってよく言ってた記憶が……」

萌さんが言った。

「よっぽどきちんとした方だったんですね」

蒼子《そうこ》さんが言った。

「ええ、きっちりした人だったとは思うんですけど。でも、当時は不思議だったんですよ。わたし、まだ子どもだったんですが、なんで窓なんだろうな、って。窓だけじゃなくて、お風呂のタイルとか、庭や玄関のことも言ってた気がしますけど、とにかく『家』のことばっかりです。当時は祖父もいましたから、ふつうは祖父の食事のこととか心配するんじゃないかなあ、って」

「なるほど、たしかに。それも②不思議な話ですねえ」

直也《なおや》さんが言った。

「祖父は毎日のように祖母の見舞いに行ってましたし、仲も悪くなかった。ただ、あとで両親から聞いた話では、祖父はある程度料理ができたらしいんです。単身赴任《ふにん》が長かったこともあって、家事はひとおりできる人だったそうで、手のこんだ料理は無理だけど、ひとりで食べるくらいはなんとかなった。祖母の衣類の洗濯なんかも祖父がすべてひとりでこなしていたみたいで。だからかなあ、とは思ったんですけど」

「家事はできるけど、掃除だけはわりと苦手だったとか？」

悟さんが（　Ｙ　）。

「ああ、ありますよね、家事のなかでも好き嫌いっていうか。炊事は好きだけど、掃除は面倒臭い、みたいな……？」

「まあ、炊事《すいじ》や洗濯は必要だからするけど、住んでるのがひとりだけだと掃除は億劫《おっくう》になってさぼるかもしれないですねえ」

蛍《ほたる》さんと陽一《よういち》さんが言う。

「でも、萌さんが子どものころに感じた違和感はそういうことじゃないんじゃないの？」

桂子さんの言葉に、③萌さんがはっとした顔になる。

「どういうことですか？」

「できるできないの問題じゃなくて、家事に心配がないとしても、お祖父さんはひとりでさびしくないか、とか、大変じゃないか、とか、お祖父さんじゃなくても、お子さんとかお孫さんとか、なんていうか、ふつうは心配するとしたら『人』なんじゃないか、っていうことなんじゃない？」

「あ、そうかもしれません！　自分でもどこに違和感があるのかよくわかってなかったんですけど、そういうことだったのかも。そうなんです、祖父母はふたりぐらしだけど犬も飼ってて……でも、犬のこともあんまり言ってなかったような……」

「関心がなかったんでしょうか？」

「いえ、祖父が犬の写真を持ってきたときは楽しそうに見てたと思うんです。でも、心配はしてなかった。祖母は別にⓑ情が薄い人じゃなかったんですよ。ふだんからわたしたちのことも心配して、犬もかわいがってましたし」

「心が荒《すさ》むと掃除しなくなるからかもしれませんね」

蒼子さんが言った。

「炊事は生きるため、洗濯は社会生活を送るために不可欠だけど、部屋を掃除するっていうのはいっしょに暮らす人のため、みたいなところがあるでしょう？　ひとり暮らしでも部屋を掃除するっていうのは（　④　）ということだ、って言われたことがあります」

「それ、わかります！自分のことがどうでもよくなると、掃除しなくなる。じゃあ、お祖母さんはお祖父さんがそうなっていないか、心配していたのかもですね」

蛍さんがうなずいた。

「ほんとうに家のことが気になっていたのかもしれないですよ」

しばらく間があいたあと、⑤航人さんが少し迷うような顔でそう言った。

「え？」

萌さんもほかのみんなもはっとして航人さんを見る。

「死ぬときって、人は苦しいものだと思います」

「そうね」

桂子さんがうなずく。

「残される側からしたら、大事な人がいなくなる、ってことだけど、本人は世界から自分がいなくなる、ってことだから……」

桂子さんの言葉に、みな黙った。
「わたしの父も死ぬ前にふさぎこんでしまった時期があったの。お客さんがいるときはあかるくふるまっているんだけどね。ひとりになるとふさぎこむ。泣くとか、怒るとかじゃなくてね、顔から表情が消えて、ただひとりでじっとうずくまってしまう」
外の風でガラス戸がカタカタ揺れた。
「わたしもね、父がもうすぐ亡くなるってわかったとき、心のなかに想いがいろいろあふれてきて、育ててもらったお礼とか、喧嘩《けんか》もしたけどほんとうは父の言っていることに救われていた、とか、これまで言えなかった父に対する愛情をきちんと告げて、受け取ってほしい、と思った。でも、⑥結局できなかった」
「なぜですか？伝えたらお父さんだって……」
蛍さんが訊く。
「喜ばなかったと思う。だってそれは、さよならを告げる、ってことでしょう？　あなたはもう死ぬんです、って言ってるようなもの。ふだんだったら喜んだかもしれない。だけど、それを受け取れないほどに、父は小さく、弱くなっていた。だから、そんな話は結局しなかった。ふだん通り、その日あったことを話すだけ。向こうだって、わたしに別れを告げるようなことは言わなかった。ひとことも」
桂子さんはしずかに言った。
「家のことを言っていたのは、そこから自分が消えていくということを感じていたからじゃないでしょうか。家のことを心配していたんじゃなくてね。消えていく自分のことを考えていた」
航人さんが息をつく。
「ふだんどんなに他人思いでやさしい人でも、最後は自分のことで精一杯になることもあると思いますよ。自分がいなくなるという事実に震え、その暗さに飲みこまれそうになることも。ずっと暮らした家の窓から差しこむ光の記憶にすがりたいと思うことも」
航人さんの言葉に、亡くなる前の祖母の横顔を思い出した。わたしと話すときはあかるく、いつもと変わらなかった。だけど、もしかしたら、祖母もそうやって自分が生きてきた場所から引き剥《は》がされていく恐怖を感じていたのかもしれない。
「人は弱いものです。でもその弱さも人の一部です。萌さんの句にはそれがきちんと出ている。萌さんは幼心にそのことに気づいていたんだと思います」
航人さんが萌さんを見る。萌さんは少しうつむいてから顔をあげた。
「そうかもしれないです。だから、⑦その言葉を聞くたびにとても悲しくなった」
ガラス戸の外の池がきらきら光っている。

（ほしおさなえ『言葉の園のお菓子番　見えない花』より）

問一　二重傍線部ⓐ・ⓑの漢字の部首名を全てひらがなで答えなさい。

問二　（　X　）・（　Y　）に入る言葉として最も適切なものを次のア〜エの中からそれぞれ一つずつ選び、記号で答えなさい。

X：ア　目をこらして　　イ　目を丸くして
　　ウ　目を細くして　　エ　目を光らせて

Y：ア　首をかしげた　　イ　首をすくめた
　　ウ　首をながくした　　エ　首をすげかえた

問三　傍線部①「病床の我が手を照らす冬の月」と同じ季節の句を次のア〜クの中から二つ選び、記号で答えなさい。

ア　いくたびも雪の深さを尋ねけり　　正岡《まさおか》子《し》規《き》
イ　をりとりてはらりとおもきすすきかな　　飯田《いいだ》蛇笏《だこつ》
ウ　春風や闘志《とうし》いだきて丘に立つ　　高浜《たかはま》虚《きょ》子《し》
エ　みづみづしセロリを噛《か》めば夏匂ふ　　日野《ひの》草城《そうじょう》
オ　夏草に汽《き》缶車《かんしゃ》の車輪来て止まる　　山口《やまぐち》誓《せい》子《し》
カ　閑《しず》かさや岩にしみ入る蝉《せみ》の声　　松《まつ》尾《お》芭《ば》蕉《しょう》
キ　まさをなる空よりしだれざくらかな　　富安《とみやす》風生《ふうせい》
ク　天平《てんぴょう》のをとめぞ立てる雛《ひいな》かな　　水原《みずはら》秋桜《しゅうおう》子《し》

問四　傍線部②「不思議な話」とはどのような話ですか。四十五字程度で説明しなさい。

問五　傍線部③「萌さんがはっとした顔になる」とありますが、その説明として最も適切なものを次のア〜エの中から一つ選び、記号で答えなさい。

ア　自分にとって苦痛であった違和感が、他人の推測のおかげで少しずつあきらかになっていくので安心している。
イ　自分の悩みであった違和感が、他人のアドバイスで解消されたのに、なぜ否定的な意見を言われるのかと疑問に思っている。
ウ　自分でもよく理解できなかった違和感が、他人の考えによって何かわかるかもしれないと気づいて驚いている。
エ　自分では解決したと思っていた違和感が、他人によって再び問題にされてしまうかもしれないと思って不快に思っている。

問六　（　④　）に入る表現として最も適切なものを次のア〜エの中から一つ選び、記号で答えなさい。

ア　自分自身を大事にする
イ　他人に迷惑をかけない
ウ　自分自身をないがしろにする
エ　他人を尊重する

問七　傍線部⑤「航人さんが少し迷うような顔でそう言った」とありますが、その心情として最も適切なものを次のア～エの中から一つ選び、記号で答えなさい。

ア　「掃除をしなくなることで家が荒れてしまうことを気にしていた」という周囲の考えと「本当に家のことを気にしていたかもしれない」という自分の考えが同じであったので、今から発言することをためらっている。

イ　「お祖父さんのことを心配して家のことを気にしていた」という周囲の考えと「本当に家のことを気にしていたかもしれない」という自分の考えが異なっているので、聞き入れてもらえるか気がかりに思っている。

ウ　「お祖父さんが私のことに無関心になっているかもしれない」という周囲の考えと「本当に家のことを気にしていたかもしれない」という自分の考えが異なっているので、間違いを教えてあげるべきかどうか悩んでいる。

エ　「家族が掃除をしないことで家が荒れてしまうことを気にしていた」という周囲の考えと「本当に家のことを気にしていたかもしれない」という自分の考えが同じであったので、自分の考えの正しさに不安を感じている。

問八　傍線部⑥「結局できなかった」とありますが、なぜですか。四十五字程度で答えなさい。

問九　傍線部⑦「その言葉」とありますが、どのような言葉ですか。本文中から十四字で抜き出して答えなさい。

問十　波線部「外の風でガラス戸がカタカタ揺れた」と「ガラス戸の外の池がきらきら光っている」について、生徒たちが話しています。会話文を読み、後の問いに答えなさい。

Aさん　「外の風でガラス戸がカタカタ揺れた」という表現は、登場人物の心情を表現した心象風景といわれるものだね。どんな心情を表しているのかな。

Bさん　私は、その直前にある桂子さんのせりふから分かるように、ここで話題になっているのは人の死についてだから、（　Ⅰ　）気持ちを表していると思う。「カタカタ揺れた」って少し不気味な感じがするよ。

Cさん　「ガラス戸の外の池がきらきら光っている」という表現も心象風景だね。「きらきら光っている」の部分だけど、直前に「悲しくなった」って書いてあるから、これは涙を表しているんじゃないかな。

Dさん　私は、「きらきら光っている」という部分に萌さんの（　Ⅱ　）心情が表されていると思うな。

①（　Ⅰ　）に入る言葉を自分で考えて五字以内で答えなさい。

② （ Ⅱ ）に入る表現として最も適切なものを次のア～エの中から一つ選び、記号で答えなさい。

ア　自分の無力さに悲しみながらも、自分は一人ではないと感動している

イ　自分の弱さを悲しんで、祖母の言葉の意味を理解してかみしめている

ウ　祖母の死の悲しみを乗り越えて、一人で強く生きていこうと決意した

エ　祖母の死を悲しみつつも、祖母の言葉の真意がわかってすっきりした

令和４年度

中村学園女子中学校

入学試験問題
（前　期）

算　数

〔試験時間 50 分〕

注　意

1．この問題用紙は、「はじめ」の合図があるまで、開いたり書いたりしてはいけません。
2．答えはすべて解答用紙に記入しなさい。#解答用紙は２枚あります。
3．問題を読むときには、声を出してはいけません。
4．何かあるときには、静かに手をあげて先生にたずねなさい。
（問題の内容についての質問はできません。）
5．「やめ」の合図があったら鉛筆を置き、解答用紙を裏返しにして、指示を待ちなさい。

#教英出版 編集部　注
編集の都合上、解答用紙は両面に掲載しています。

1　次の計算をしなさい。

(1)　$3+4\times(8+1)$

(2)　$2\times\{2+(2\times8-1)\div5\}$

(3)　$337\times13-33.7\times90+3370\times0.2$

(4)　$\left(2-\dfrac{7}{18}\times\dfrac{9}{14}\right)\times2\dfrac{2}{7}$

(5)　$4.9\div\left\{\left(2.4-1\dfrac{1}{5}\right)\times6\dfrac{2}{3}-0.3\right\}$

2　次の問いに答えなさい。

(1)　右の $\boxed{\text{ア}}$ ～ $\boxed{\text{エ}}$ の中には，0～9 までのいずれかの数字が入ります。$\boxed{\text{ア}}$ に入る数字は何ですか。

$$\begin{array}{rcccc} & 2 & \boxed{\text{イ}} & \boxed{\text{ウ}} & 5 \\ + & \boxed{\text{ア}} & 3 & 8 & \boxed{\text{エ}} \\ \hline 1 & 0 & 0 & 7 & 4 \end{array}$$

(2)　28 の約数をすべて足すと，いくつになりますか。

(3)　次の速さのうち，いちばん速いものを下の①～③より 1 つ選びなさい。

①　時速 6 km　　②　分速 90 m　　③　秒速 160 cm

(4) 下の図のように，ある規則にしたがって，数字のカードを並べます。
8段目のいちばん右にあるカードの数字は何ですか。

1段目	1	2			
2段目	3	4	5		
3段目	6	7	8	9	
4段目	10	11	12	13	14

・・・・・・・・・・・・・・・・・

(5) 長さ6mのリボンを2つに切り，一方が他方よりも32cm長くなるようにするとき，短い方のリボンの長さは何m何cmですか。

(6) ハルさんとナツさんは，同じ金額のお金を持っていましたが，ハルさんがナツさんに150円あげたので，ハルさんとナツさんの持っている金額の比は1：2になりました。
ハルさんがはじめにもっていた金額は，いくらですか。

(7) アキさんは10kmの道のりを，はじめの3kmは時速4.5kmで歩き，あとの7kmは時速3.5kmで歩きました。全部で何時間何分かかりましたか。

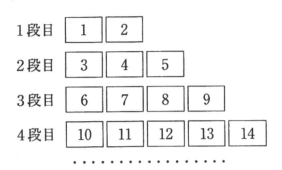

(8) 右の図のアの角の大きさはいくつですか。

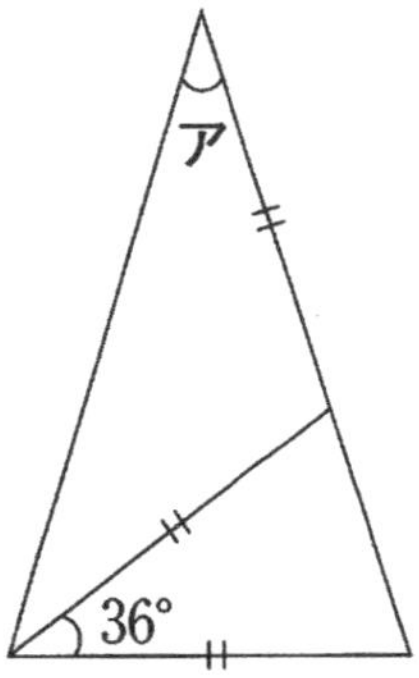

(9) 右の図のように，直径がそれぞれ 4 cm である 2 つの半円があります。
このとき，斜線部分の面積は何 cm^2 ですか。
ただし，円周率は 3.14 とします。

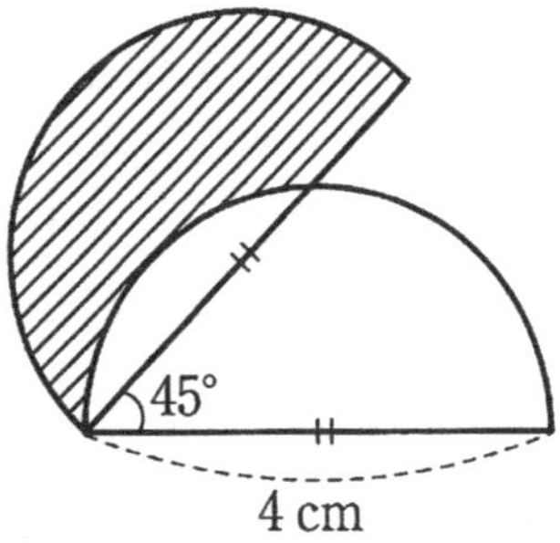

(10) 下の図のように，1 辺が 2 cm の正方形 ABCD があり，点 D に 4 cm の糸の片方のはしを固定する。糸のもう片方のはし E を持って，糸がたるまないように辺 AD の延長上に引っ張って矢印の方向に動かす。糸のはし E が正方形にくっつくまで動かすとき，糸が通過する部分の面積は何 cm^2 ですか。
ただし，円周率は 3.14 とします。

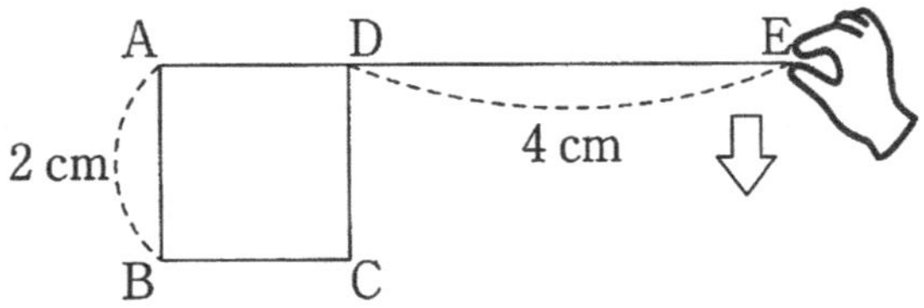

(11) 下の図のような立方体と，その展開図がある。辺 AB, BC の中点をそれぞれ P, Q とし，この 2 点と点 E を通る平面で立方体を切ったときにできる切り口の線のようすを，展開図にかき入れなさい。

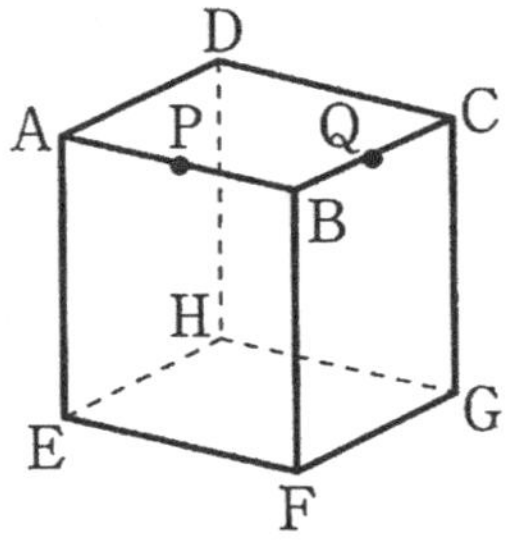

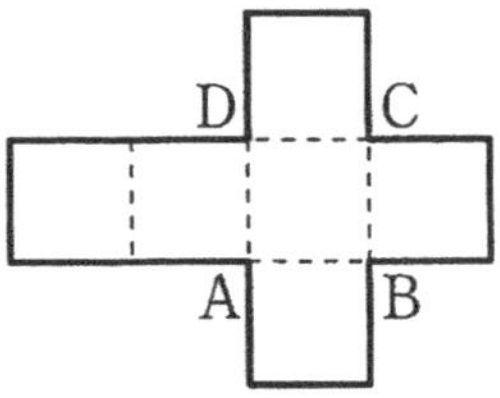

3 次の会話を読み，以下の問いに答えなさい。

先生：今日は，あるセミについての問題を考えます。発生周期（卵から生まれて成虫になるまでの時間）が 13，14，15，16，17 年のセミがいるとします。今年全てのセミが同時に発生したとして，来年以降の同じ年に 2 種類のセミが同時発生してしまうと，2 種類とも絶滅《めつ》してしまうものとします。最後まで生き残るのは何年周期のセミでしょうか。

ハル：先生，私，セミは苦手です。

先生：まあ，そう言わずに。では，この問題を考える前にこの問題を解くための基そ知識を確認していくことにします。13〜17 までの 5 個の数字のうち素数である数字は何ですか。

ハル：それはわかります。 ① ですよね。

先生：正解。次に，最小公倍数について復習します。13 と 14 の最小公倍数は何ですか。

ハル：そんなの簡単です。 ② ですよね。

先生：正解。このことから先ほどの問題にもどりますが，もし，発生周期が 13，14 年のセミが同じ年に同時に発生した場合， ② 年後に絶滅してしまいますね。

ハル：そうか。ということは，この問題は最小公倍数が最も大きくなる 2 つの数を考えればいいということですね。じゃあ， ③ と ④ の組み合わせだけ計算すればいいんですね。

先生：それだけではだめですね。

ハル：え？なんで？

先生：途《と》中で絶滅してしまうセミがいますよね。他の組み合わせも考えてみて下さい。

ハル：少し時間下さい…ああ，わかりました。答えは ⑤ 年周期のセミですね。でも先生，実際にそんなセミは存在するんですか。

先生：実際にアメリカに存在します。 ⑤ 年に一度だけ，数兆匹という大発生をすることで知られています。実は，この発生周期が生き残るための術《すべ》になっています。毎年バラバラに羽化するよりも， ⑤ 年に一度まとめて羽化することによって，天敵に食べつくされないほどの大量発生をすることで生き残るのです。

ハル：私，セミは苦手ですけど，ちょっとだけ興味がわきました。ありがとうございます。

(1) ① に入る数字をすべて答えなさい。

(2) ② ， ③ ， ④ ， ⑤ に入る数字を答えなさい。

4　今年のＮ学園の文化祭では，感染症《しょう》対策のため外部のお客様の入場制限を設けて実施《し》することにしました。入場ゲートを１つにし，ゲートを通ることができる人数を１回につき最大で50人までとしました。開場を始めたときにすでに100人の行列があり，毎分５人ずつ並ぶ人が増えていきます。開場してすぐに１度ゲートを開き，その後は，８分ごとにゲートを開きます。ただし，ゲートを通過する人数は最大の人数とし，通過にかかる時間は考えないものとします。

このとき，次の問いに答えなさい。

(1)　開場を始めてから20分後までに入場した人数は何人ですか。

(2)　行列がなくなるのは，開場を始めてから何分後ですか。

ここで，入場ゲートを通過したお客様の数が300人に達し，会場内の密をさけるため，８分ごとにゲートを開いていたものを13分ごとに変更しました。

(3)　ゲート前の行列がふたたび100人に達するのは，開場を始めてから何時間何分後ですか。なお，この問題は解答までの考え方を表す式や文章・図なども書きなさい。

5 次の会話を読み，以下の問いに答えなさい。

ハル：ナツさん，じゃんけんしようよ。
ナツ：いいよ，じゃんけんぽん！やった，私の勝ちだ！
アキ：ところで，２人でじゃんけんをした場合って何通りの手の出し方があるのかな？
ハル：たとえば，私がグーを出したら，ナツさんはグー，チョキ，パーの３通りの手の出し方があるから全部で［あ］通りだよね。
アキ：そうか。ありがとう。
ナツ：私，じゃんけんゲームを考えたんだけど，ちょっとやってみない？

ナツが次のようなじゃんけんゲームを提案しました。

ルール … 全部で10回勝負し，１回につき，勝ちは３点，負けは０点，引き分けは共に１点

ナツ：ルールはわかった？じゃあ，私とハルさんでやってみるから，アキさんは点数をチェックしてもらっていい？
アキ：わかったわ。じゃあ，始めていいよ。

その後，10回じゃんけんを終え，アキが点数を発表しました。

アキ：じゃあ，点数を発表するね。ハルさん，15点！ナツさん，12点！
ハル：やった！じゃあ，次はナツさんとアキさんでやってみて。私，ちょっと用事を終わらせてくるから，帰ってきたら結果を教えて。
ナツ：わかった。じゃあ，アキさんやろうか。

ハルが用事を済ませている間にじゃんけんは終わり，ナツとアキは結果の集計をしました。ここで，ナツがアキに次のような提案をしました。

ナツ：ただ結果を伝えるだけじゃおもしろくないから，どっちが勝ったかハルさんに当ててもらおうか。

アキ：いいね。じゃあ，おたがいに何の手を出したかだけ教えるっていうのはどう？

ナツ：それ，おもしろそう！あっ，ハルさん帰ってきた。

ハル：お待たせ。どっちが勝った？

ナツ：ハルさん，今からそれぞれが出した手だけ言うから，それでどっちが何勝何敗で勝ったか当てて。

ハル：何それ？それだけで，わかるの？じゃあ，とりあえず教えて。

ナツ：私はグーが３回，チョキが１回，パーが６回。

アキ：私はグーが２回，チョキが４回，パーが４回。ちなみに引き分けはなかったよ。

ハル：え？それだけ？もうちょっとヒントくれない？

アキ：じゃあ，パーの回数から考えたらわかるんじゃないかな。

ハル：うーん，引き分けがないから … そうか，わかった！[い]勝[う]敗でアキさんの勝ちだね。

ナツ：すごい！よくわかったね。

(1) [あ]に入る数字を答えなさい。

(2) 波線部〜〜〜からハルさんは何勝何敗何引き分けになるか答えなさい。

(3) 二重線部＝＝＝から[い]と[う]に入る数字を答えなさい。なお，この問題は解答までの考え方を表す式や文章・図なども書きなさい。

令 和 4 年 度

中村学園女子中学校

入 学 試 験 問 題
（ 前　期 ）

理　科

〔試験時間 40 分〕

注　　意

1．この問題用紙は、「はじめ」の合図があるまで、開いたり書いたりしてはいけません。
2．答えはすべて解答用紙に記入しなさい。
3．問題を読むときには、声を出してはいけません。
4．何かあるときには、静かに手をあげて先生にたずねなさい。
（問題の内容についての質問はできません。）
5．「やめ」の合図があったら鉛筆を置き、解答用紙を裏返しにして、指示を待ちなさい。

1　次の図**A**～**F**は池や小川にいる小さな生物をけんび鏡を用いて観察し，スケッチしたものです。なお，それぞれの図の倍率はさまざまであり，同じ倍率とは限りません。あとの問１～４に答えなさい。

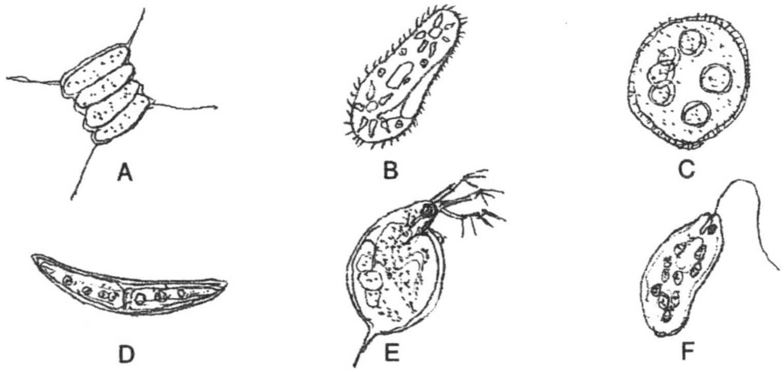

問１　図**A**と**D**は「～モ」，図**B**と**F**は「～ムシ」という名前の生物です。次の**ア**～**カ**の中で，正しい名前の組み合わせを１つ選び，記号で答えなさい。

ア　**A**がミカヅキモ，**B**がミドリムシ
イ　**A**がミカヅキモ，**F**がミドリムシ
ウ　**A**がイカダモ，**B**がゾウリムシ
エ　**D**がイカダモ，**F**がミドリムシ
オ　**D**がイカダモ，**B**がゾウリムシ
カ　**D**がミカヅキモ，**F**がゾウリムシ

問２　図**A**～**F**の生物を，接眼レンズが10倍と15倍，対物レンズが10倍と40倍が選べるけんび鏡で観察しようとしたところ，このけんび鏡では生物全体のすがたを観察できない生物が１種類いることがわかりました。その生物を図**A**～**F**から１つ選び，記号で答えなさい。

問３　問２で用いたけんび鏡は最大何倍の倍率で観察することができますか。正しい倍率を整数で答えなさい。

問４　うすい紙に小さく「　４　」を書いたものをそのままの向きで，けんび鏡のステージにのせて観察を行いました。けんび鏡をのぞいたときに見えるのは，次の**ア**～**エ**のどれですか。正しいものを１つ選び，記号で答えなさい。

ア 　**イ** 　**ウ** 　**エ** 

2　私たちは，ご飯を食べるときに，「よくかんで食べなさい。」と注意されることがあります。よくかむことで，食べたものの消化が良くなるということなのですが，具体的にはどのようなことが口の中で起こっているのでしょうか。そのことについて，次のような実験を行ってみることにしました。あとの問１～３に答えなさい。

【実験】

１．ジッパーつきのふくろ２つ（AとB）を用意し，それぞれにご飯を３粒ずつ入れる。そして，ふくろの中のご飯をふくろの上から指でしっかりつぶす。

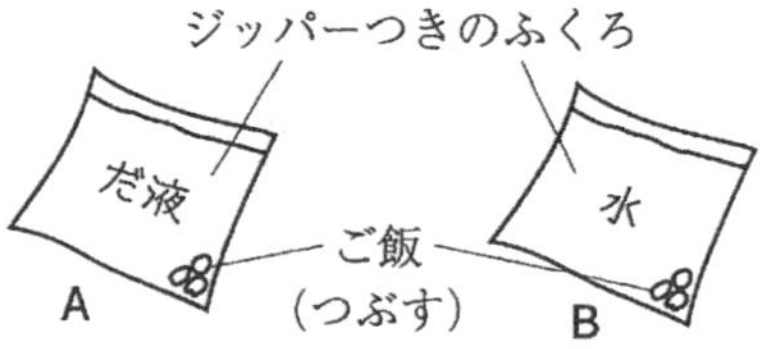

２．ストローを使って，Aのふくろにだ液を入れる。Bのふくろには，だ液と同じ量の水を入れる。入れ終わったら，それぞれふくろの上から指でよくもむ。

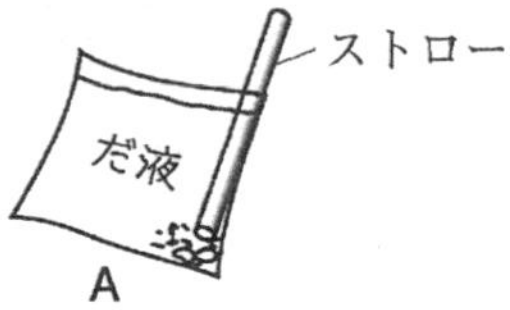

３．40℃くらいの湯を入れたビーカーに，AとB両方のふくろを入れ，３分間待ってから，ふくろを湯からとり出す。そして，ふくろの上から指でよくもむ。さらに再び湯に入れて，３分間待つ。

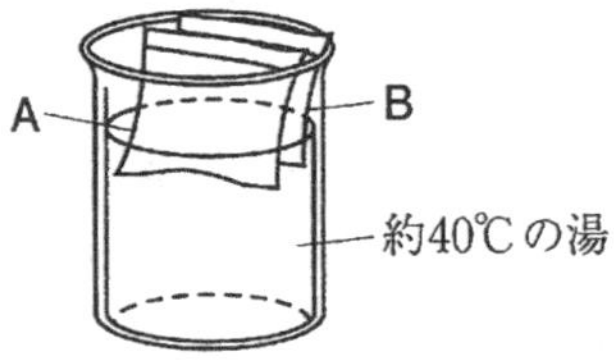

４．AとB両方のふくろを湯からとり出し，それぞれヨウ素液を１，２てきずつ加えて色の変化を調べる。

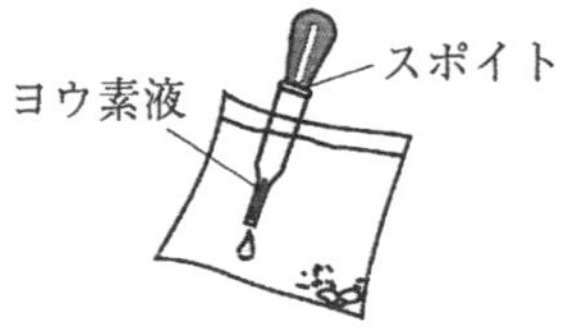

問１　実験の３で，40℃くらいの湯にふくろを入れていますが，なぜですか。次のア～エから正しいものを**すべて選び**，記号で答えなさい。

ア　ヒトの体温より低い温度にふくろを入れることで，変化を活発に行わせるため。
イ　ヒトの体温より高い温度にふくろを入れることで，だ液の中のばい菌などを殺すため。
ウ　ヒトの体温に近い温度にふくろを入れることで，変化を活発に行わせるため。
エ　ヒトの体内に近い環境で実験を行うため。

問２　実験の結果，Ａ，Ｂのふくろの中のようすはどうなりましたか。次のア～エから正しいものを１つ選び，記号で答えなさい。

ア　Ａは紫色に変化し，Ｂは黄色（ヨウ素液の色）になった。
イ　Ａは黄色（ヨウ素液の色），Ｂは紫色になった。
ウ　ＡもＢも紫色になった。
エ　ＡもＢも黄色（ヨウ素液の色）になった。

問３　ご飯にはデンプンが含まれています。このデンプンは，だ液のはたらきにより消化されたあと，どうなりますか。次のア～エから正しいものを１つ選び，記号で答えなさい。

ア　養分になったあと，大腸で吸収される。
イ　養分になったあと，胃で吸収される。
ウ　養分になったあと，小腸で吸収される。
エ　養分として，口の中で吸収される。

3　宇宙や天体に関する次の問１～５に答えなさい。ただし，すべての問いは，福岡市において観察したものとして考えなさい。

問１　次の図**A**～**D**は，東・西・南・北いずれかの夜空の星の動きを表したものです。図**A**～**D**を東・西・南・北の順に正しく並べたものを下の**ア**～**カ**から１つ選び，記号で答えなさい。

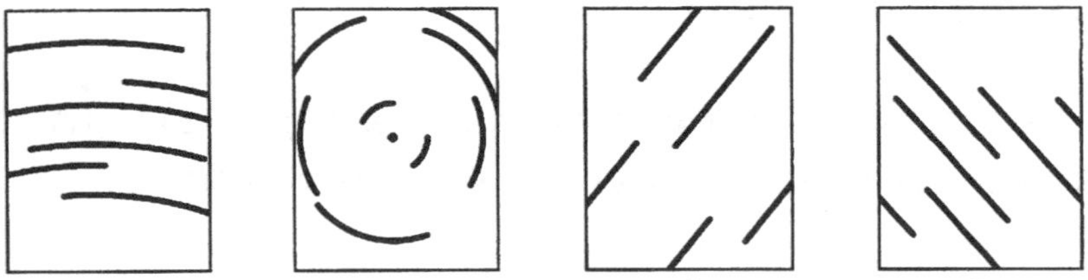

A　　B　　C　　D

	東	西	南	北		東	西	南	北
ア	C	D	B	A	**イ**	D	C	B	A
ウ	C	B	A	D	**エ**	D	C	A	B
オ	C	D	A	B	**カ**	D	B	C	A

問２　次の文**ア**～**カ**は，月や太陽に関して説明したものです。**ア**～**カ**から，正しいものを**すべて選び**，記号で答えなさい。

ア　月は毎日，夕方になると東の空からのぼり，明け方に西の空にしずむ。
イ　月は毎日，夕方になると西の空からのぼり，明け方に東の空にしずむ。
ウ　太陽は西からのぼり，東へしずむ。
エ　太陽がしずむころ，東の空に見える月は満月である。
オ　太陽がしずむころ，南の空に見える月は東側の半分が明るい半月である。
カ　地球から月と太陽を見るとほぼ同じ大きさに見えるが，実際は太陽の方がはるかに大きい。

問３　太陽，月，地球が一直線上に並ぶことによって，地球から見ると月に太陽がかくれてしまう現象を何と言いますか。**漢字２字**で答えなさい。

問４　次の文を読んで，あとの【問い】に答えなさい。

『銀河鉄道の夜』などで知られる宮沢賢治の作品に『星めぐりの歌』という，夜空の星々のことを歌ったものがあります。

あかいめだまのさそり　ひろげたわしのつばさ
あおいめだまのこいぬ　ひかりのへびのとぐろ
オリオンはたかくうたい　つゆとしもとをおとす

ここに歌われている星座の中で，さそりの「あかいめだま」はアンタレス，こいぬの「あおいめだま」はプロキオンという一等星のことを表していると考えられますが，プロキオンは実際には黄色に近い色をしていますので，賢治は実際にはおおいぬ座のシリウスのことを歌ったのではないかという意見があります。

【問い】アンタレス，プロキオン，シリウスを「星の表面温度」が高い順番に並べ，正しい組み合わせを次の**ア**～**カ**から１つ選び，記号で答えなさい。

	高←		→低		高←		→低
ア	アンタレス	プロキオン	シリウス	**イ**	アンタレス	シリウス	プロキオン
ウ	プロキオン	シリウス	アンタレス	**エ**	プロキオン	アンタレス	シリウス
オ	シリウス	アンタレス	プロキオン	**カ**	シリウス	プロキオン	アンタレス

問５　次の年表は日本の小わく星探査《たんさ》に関するものです。文中の（　A　）～（　C　）に入る正しいことばの組み合わせを次の**ア**～**カ**から１つ選び，記号で答えなさい。

2003年　日本の小わく星探査機《たんさき》「（　A　）」が打ち上げられる。
2010年　「（　A　）」が小わく星（　B　）より地球に戻る。
2014年　「（　A　）２」が打ち上げられる。
2020年　「（　A　）２」が小わく星（　C　）のサンプルを地球に届ける。
　　　　その後，「（　A　）２」は他の小わく星の観測に向かう。

	A	B	C
ア	はやぶさ	リュウグウ	イトカワ
イ	はやぶさ	イトカワ	リュウグウ
ウ	はやぶさ	イトカワ	セレス
エ	あかつき	リュウグウ	イトカワ
オ	あかつき	イトカワ	リュウグウ
カ	あかつき	リュウグウ	セレス

4　次の会話文を読み，あとの問１～４に答えなさい。

先生：今，世界中で持続可能な開発目標「SDGs」に注目が集まっています。この目標の中には環境への取り組みがあります。日本でもプラスチック製品を減らすために，レジ袋を有料にするなどの取り組みを行っています。

生徒：プラスチックは，なぜ無くならないのですか。

先生：プラスチックは，①軽くて空気をほとんど通さない特徴《とくちょう》をもつことから，ペットボトルなどの身近な製品に利用されているからです。では，ペットボトルのリサイクルについて考えてみましょう。

生徒：ペットボトルキャップを外しても，図１のようなリングがあります。どのように外したら良いですか。

図１

先生：そのままでよいです。リサイクルするときに，機械でリングごと細かくして，水で洗い，リングとペットボトル本体に分けています。

生徒：でも，リングもペットボトル本体も同じプラスチックなのに，どうやって分けるのですか。

先生：水につけるとうくものとしずむものに分れます。実は，プラスチックには表のような種類があります。また，水は１cm^{3}あたり１gなので，②プラスチック１cm^{3}あたりの重さが水より大きいと水にしずみ，小さいと水にうくということになります。では，ペットボトルを調べてみてください。

表

プラスチックの種類	１cm^{3}あたりの重さ	主な製品
ポリエチレンテレフタレート（PET）	1.38 g	ペットボトル
ポリプロピレン（PP）	0.9 g	筆記具
ポリエチレン（PE）	0.92 g	ビニール袋
ポリスチレン（PS）	1.06 g	食品トレイ

生徒：ペットボトル本体には「PET」，キャップには「PP」，ラベルには「PS」と，図２のような表示がありました。

図２

先生：福岡市では，キャップとラベルは燃えるごみとして出していますが，ものを燃やすことによって，地球温暖化の１つに考えられている（　③　）が発生します。また，プラスチックごみがさまざまな要因で海に流れ出ていて，大きさが５mm以下になったマイクロプラスチックが海の生き物に影響を与えています。私たちは不要なプラスチック製品を減らす努力が必要となりますね。

問１　下線部①以外のプラスチックの一般的な特徴《とくちょう》として，**適切ではないもの**を次のア～エから１つ選び，記号で答えなさい。

ア　安価で加工がしやすい。
イ　さびたりくさったりしない。
ウ　電気を通しにくい。
エ　金属にくらべると，熱が伝わりやすい。

問２　下線部②について，次のア～エから正しいものを１つ選び，記号で答えなさい。

ア　ペットボトル本体は水にうき，リングは水にしずむので分けることができる。
イ　ペットボトル本体は水にうき，リングは水にとけるので分けることができる。
ウ　ペットボトル本体は水にしずみ，リングは水にうくので分けることができる。
エ　ペットボトル本体は水にしずみ，リングは水にとけるので分けることができる。

問３　会話文の（　③　）に入る気体の名称を，次のア～エから正しいものを１つ選び，記号で答えなさい。

ア　ちっ素　　　イ　酸素　　　ウ　二酸化炭素　　　エ　塩素

問４　種類のわからないプラスチック片A～Dを，図３のように水を入れたビーカーに静かに入れたところ，プラスチック片BとDは水中にしずみ，AとCは水面にうかんだ。このビーカーの中に食塩を入れてかき混ぜてしばらくたつと，プラスチック片Bだけしずんでいた。次のア～エから正しいものを１つ選び，記号で答えなさい。ただし，A～DはPET，PP，PE，PSのいずれかです。

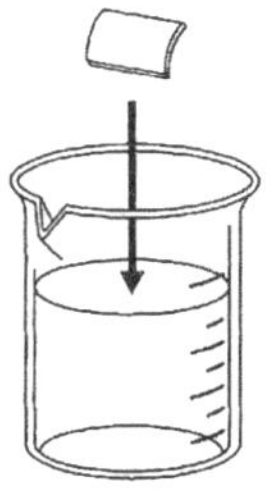
図３

ア　プラスチック片Aはポリエチレンテレフタレート（PET）だとわかる。
イ　プラスチック片Bはポリプロピレン（PP）だとわかる。
ウ　プラスチック片Cはポリエチレン（PE）だとわかる。
エ　プラスチック片Dはポリスチレン（PS）だとわかる。

5

光について，次の問1，2に答えなさい。

問1　次の(1)～(3)の答えとして，正しいものの組み合わせをあとのA～Jから1つ選び，記号で答えなさい。

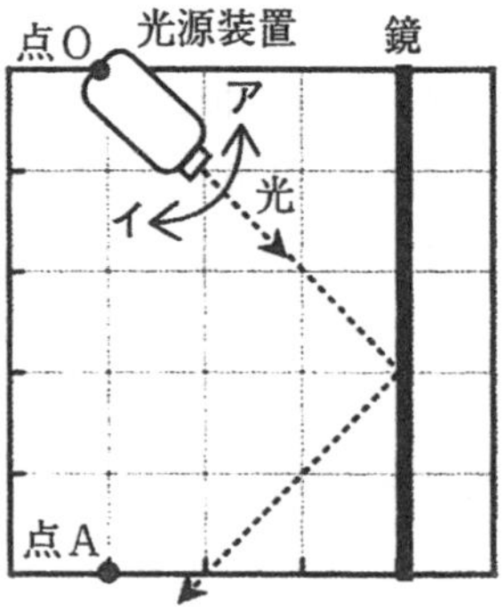

図1

(1)　図1のように光源装置（光を出す機械）から細い光を出すと，光は鏡ではね返って進みました。鏡ではね返した光を点Aに当てるためには，点Oを中心に光源装置を図1中のア，イのどちらに回転させればよいですか。ア，イから正しいものを1つ選びなさい。

(2)　図2のように，ガラスに向かって光を直角に当てたとき，光はガラスの中をどの方向に進みますか。図2中のア～ウから正しいものを1つ選びなさい。

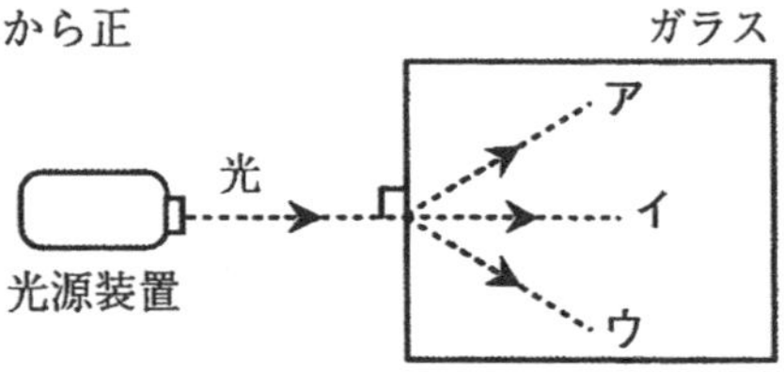

図2

(3)　虫めがねを使って黒い紙に光を集めようとしたところ，図3のようになりました。光を1点に集めるためには，虫めがねをどのように動かしたらよいですか。次のア～ウから正しいものを1つ選びなさい。

図3

ア　虫めがねを黒い紙に向かって，少しだけ近づける。
イ　虫めがねを黒い紙から，少しだけ遠ざける。
ウ　虫めがねをうら返して，真横に動かす。

	(1)	(2)	(3)
A	ア	ア	イ
B	ア	イ	ア
C	ア	イ	イ
D	ア	ウ	ウ
E	イ	ア	ア
F	イ	ア	イ
G	イ	イ	ア
H	イ	イ	イ
I	イ	イ	ウ
J	イ	ウ	ウ

問2　図4は同じ形・大きさの3枚の鏡を使って，太陽の光をはね返し，かべに当てたようすです。ただし，鏡とかべの距離はすべて同じとします。

(1)　図中の**A**より明るくなると考えられる場所はどこですか。図中の**B**～**G**から正しいものを**すべて**選び，記号で答えなさい。ただし，**A**より明るくなる場所がなければ「なし」と答えなさい。

(2)　図中の**A**～**G**は，あたたかさがほぼ同じになる場所があります。あたたかさがほぼ同じになる場所の組み合わせとして正しいものを，次の**ア**～**カ**から1つ選び，記号で答えなさい。

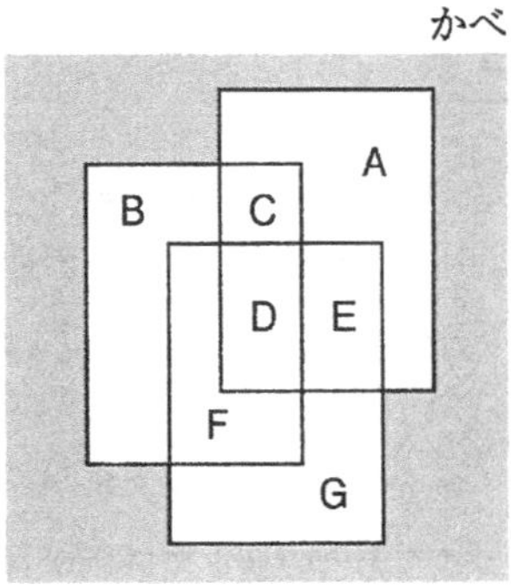

図4

ア　**ABCEFG**
イ　**ABG，CDEF**
ウ　**ABFG，CDE**
エ　**ABG，CEF**
オ　**BFG，CDE**
カ　**ABC，DE，FG**

6　水よう液について，次の問１，２に答えなさい。

問１　酸性の水よう液を調べる方法として適切なものを下の**ア**～**エ**から**２つ**選びなさい。また，下の**オ**～**ク**の水よう液から，酸性の水よう液を**すべて**選びなさい。そして，その正しい組み合わせを，あとの**A**～**J**から１つ選び，記号で答えなさい。

ア　青色のリトマス紙が赤色に変わった。
イ　赤色のリトマス紙が青色に変わった。
ウ　むらさきキャベツ液が黄色に変わった。
エ　むらさきキャベツ液が赤色に変わった。

オ　食塩水
カ　水酸化ナトリウム水よう液
キ　酢《す》
ク　炭酸水

A　ア，ウ　―　カ，ク
B　ア，ウ　―　キ，ク
C　ア，エ　―　キ，ク
D　ア，エ　―　カ，ク
E　イ，ウ　―　オ，カ
F　イ，ウ　―　カ，キ，ク
G　イ，エ　―　オ，キ，ク
H　イ，エ　―　カ，ク
I　ア，ウ　―　カ，キ，ク
J　ア，エ　―　オ，キ，ク

問２　右図は，あるこさの塩酸20cm³にさまざまな重さのアルミニウムを加えて，発生した気体の体積をはかった結果を表しています。

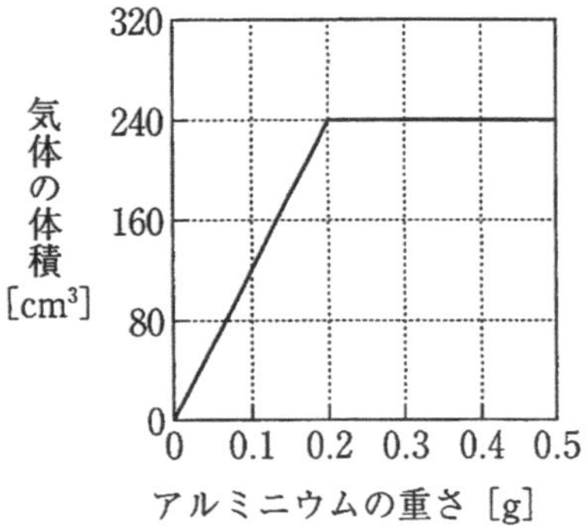

図

(1)　160cm³の気体を発生させるためには，アルミニウムは少なくとも何g必要ですか。ただし，答えが割り切れなければ，小数第３位を四捨五入して，小数第２位まで答えなさい。

(2)　同じこさの塩酸60cm³に1.5gのアルミニウムを加えました。気体の発生が終わったあと，アルミニウムは何gのこっていますか。ただし，のこっていなければ「０」と答えなさい。

7

図1のように，軽い糸の一方を固定し，もう一方におもりを取りつけ，ふりこをつくりました。糸がたるまないようにおもりを持ち上げ，静かに手をはなしました。このとき，ふりこのふれはば，糸の長さのどちらか1つだけを変えて，ふりこの10往復する時間をはかりました。次の問1，2に答えなさい。

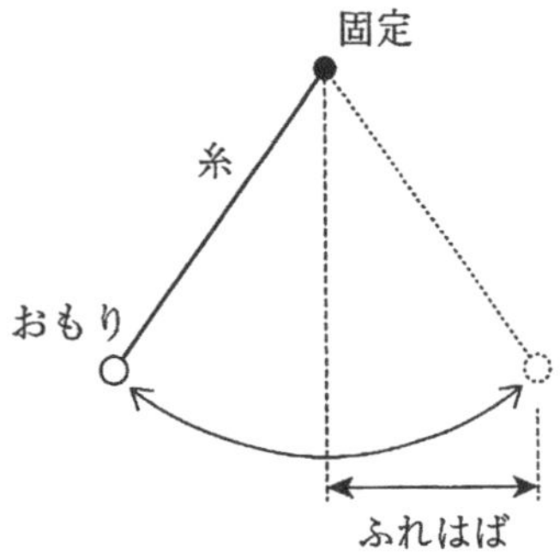

図1

問1　ふれはばが10cmと20cmのふりこが10往復する時間を比べました。次のア～ウから正しいものを1つ選び，記号で答えなさい。

ア　ふれはば10cmのふりこのほうが，時間が短くなる。
イ　ふれはば10cmのふりこのほうが，時間が長くなる。
ウ　ふれはば10cmのふりこと，ふれはば20cmのふりこの時間は同じになる。

問2　糸の長さを変えたふりこの10往復する時間は，表のようになりました。

表

糸の長さ［cm］	25	100	225	ア	625	900
10往復する時間［秒］	10	20	30	40	50	60

(1)　表のアに入る糸の長さは何cmですか。

(2)　長さ100cmの糸を使って，図2のようなふりこをつくりました。図2の点Oに細い棒を置き，おもりを静かにはなすと，最下点のおもりから25cm上のところで糸が棒にひっかかって，図のように動きが変わりました。このふりこの10往復する時間は何秒ですか。

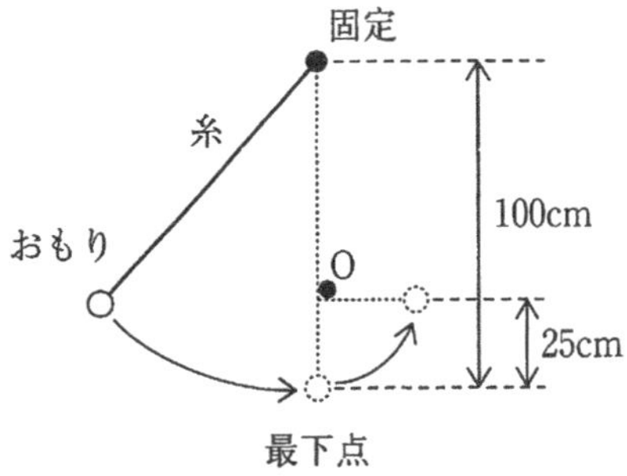

図2

令 和 4 年 度

中村学園女子中学校

入 学 試 験 問 題
（ 前　期 ）

社　会

〔試験時間 40 分〕

注　　意

1．この問題用紙は、「はじめ」の合図があるまで、開いたり書いたりしてはいけません。
2．答えはすべて解答用紙に記入しなさい。
3．問題を読むときには、声を出してはいけません。
4．何かあるときには、静かに手をあげて先生にたずねなさい。
（問題の内容についての質問はできません。）
5．「やめ」の合図があったら鉛筆を置き、解答用紙を裏返しにして、指示を待ちなさい。

1 次のＡ～Ｆの文章について、あとの問いに答えなさい。

Ａ　今から１万2000年ほど前から、人々は食べ物をにたきしたり、たくわえたりするための土器をつくりはじめました。このころの土器は、（　①　）、縄を転がしてつくったものが多いので、縄文土器といいます。人々は、川や海などがある場所に、竪穴住居を建てて住んでいました。食べ物の残りかすなどのごみは（　②　）にすてられました。

問１　（　①　）に入ることばとして最も適当なものを、次のア～エから１つ選び、記号で答えなさい。

ア　うすくてかたく　　イ　厚くてもろく　　ウ　うすくてもろく　　エ　厚くてかたく

問２　（　②　）に入る、人々が食べた貝のからや動物や魚の骨などをすてた場所を**漢字**で答えなさい。

Ｂ　米作りは、今から2400年ほど前に、中国や朝鮮半島から移り住んできた人々により伝えられました。米作りは、九州の北部から東日本へと広まっていきました。③水田づくりから田植え、取り入れまで、多くの人手が必要でした。人々は、水田近くの台地に集落をつくり、竪穴住居に住みました。米を保存するための（　④　）もつくられました。

問３　下線部③について、1800年ほど前の水田や集落のあとが発見された静岡県の遺跡名を答えなさい。

問４　（　④　）に入る、右の写真の建築物名を答えなさい。

Ｃ　８世紀の中ごろ、聖武天皇は仏教の力によって伝染病や世の中の乱れなどを取りのぞき、国を守ろうと考えました。そこで、全国に国分寺と国分尼寺を建てるように命じ、都には大仏をまつる（　⑤　）をつくろうとしました。また大仏づくりには、道路や橋・ため池などをつくって農民のくらしを助けた（　⑥　）という僧らも協力しました。

問５　（　⑤　）に入る寺を、次のア～エから１つ選び、記号で答えなさい。

ア　法隆寺　　イ　興福寺　　ウ　唐招提寺　　エ　東大寺

問６　（　⑥　）にあてはまる僧はだれですか。**漢字**で答えなさい。

D　鎌倉で武士の政治をはじめた源頼朝は、家来になることをちかった武士を御家人にしました。頼朝は、国ごとに、軍事・警察の仕事にあたる（　⑦　）をおき、私有地などで、ねんぐの取り立てや犯罪を取りしまる仕事にあたる（　⑧　）を置き、地方にも力がおよぶようにしました。そして、1192年に頼朝は朝廷から（　⑨　）に任命され、鎌倉に幕府をひらきました。

問７　（　⑦　）に入る語句を**漢字**で答えなさい。

問８　（　⑧　）に入る語句を**漢字**で答えなさい。

問９　（　⑨　）に入る語句を**漢字５字**で答えなさい。

E　鎌倉時代の農業は、（　⑩　）にすきを引かせて農地を深く耕し、（　⑪　）を肥料にするなど、収穫を増やすことに努めました。この時代からはじまった米と麦などを作る（　⑫　）は、室町時代には西日本を中心に広がり、土地に適したいねの品種も選んで、生産を高めました。

問10　（　⑩　）～（　⑫　）に入る語句の組み合わせとして正しいものを、次のア～エから１つ選び、記号で答えなさい。

	⑩	⑪	⑫
ア	やぎ・ぶた	油かす・ほしか	二期作
イ	牛・馬	草・灰	二毛作
ウ	やぎ・ぶた	草・灰	二期作
エ	牛・馬	油かす・ほしか	二毛作

F　江戸時代の中ごろから、浮世絵が多くの人々の人気をあつめました。代表的な浮世絵師の一人に（　⑬　）がいます。浮世絵は、のちに、ヨーロッパの画家にも大きなえいきょうをあたえました。また、ヨーロッパの学問を研究する蘭学もさかんになりました。蘭学を学んだ人のなかに、佐原（千葉県）の商人であった（　⑭　）がいます。この人物は、西洋の天文学や測量術を学び、全国を測量して歩き、はじめて正確な日本地図をつくりました。

問11　（　⑬　）に入る、右の風景画を描いた人物はだれですか。**漢字**で答えなさい。

問12　（　⑭　）に入る人物はだれですか。**漢字**で答えなさい。

2 次の略年表を見て、あとの問いに答えなさい。

年代	事項
1867	江戸幕府が滅び、武士の世の中が終わる
	↕ ……………………………… ①
1877	西南戦争がおこる
1894	日清戦争がおこる ……………………………… ②
1904	日露戦争がおこる
	↕ ……………………………… ③
1931	満州事変がおこる
1941	アジア・太平洋戦争がおこる
1945	日本がポツダム宣言を受け入れる
	↕ ……………………………… ④
1952	日本が独立を回復する

問1　①の期間におこったできごととして**誤っているもの**を、次の**ア**～**エ**から１つ選び、記号で答えなさい。

ア　伊藤博文が最初の内閣総理大臣になった。

イ　藩を廃して県を置き知事を派遣した。

ウ　徴兵令が出され20歳以上の男子に軍隊に入ることを義務づけた。

エ　岩倉使節団が欧米諸国の視察に出発した。

問2　②と同じ年に、イギリスとのあいだで日本は治外法権の廃止を実現しました。この交渉の中心となった外務大臣を、次の**ア**～**エ**から１つ選び、記号で答えなさい。また、当てはまる人物がいない場合は**オ**と記入しなさい。

ア　小村寿太郎　　**イ**　福沢諭吉　　**ウ**　板垣退助　　**エ**　大隈重信

問３　③の期間におこった次のア〜エのできごとのうち、古い年代順に並べ替えたとき２番目にくるものを選び、記号で答えなさい。

ア　関東大震災がおこった。

イ　男子普通選挙の制度が定められた。

ウ　日本が韓国（大韓帝国）を併合した。

エ　全国水平社の創立大会が開かれた。

問４　④の期間におこったできごととして正しいものを、次のア〜エから１つ選び、記号で答えなさい。

ア　東海道新幹線が開通した。

イ　湯川秀樹がノーベル物理学賞を受賞した。

ウ　日本と中華人民共和国との国交が正常化した。

エ　日本はソ連と国交を回復し国際連合に加盟した。

問５　右の写真の人物は、略年表中の時代を生きた、わが国を代表する学者です。この人物について、あとの問いに答えなさい。

(1)　この人物はだれですか。**漢字**で答えなさい。

(2)　この人物が残した業績を、研究内容とともに**20字程度**で説明しなさい。

3　次の略地図を見て、あとの問いに答えなさい。

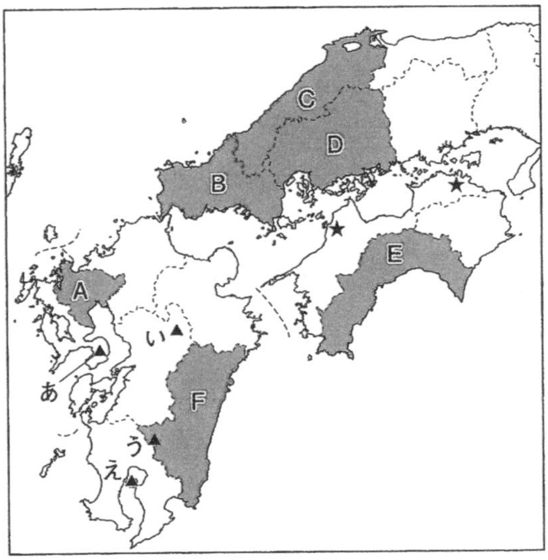

問１　略地図中Ａ～Ｆ県とその県で登録されている世界文化遺産の組み合わせとして正しいものを、次のア～カからすべて選び、記号で答えなさい。

ア　Ａ県：大浦天主堂　　イ　Ｂ県：熊野古道　　ウ　Ｃ県：石見《いわみ》銀山

エ　Ｄ県：厳島《いつくしま》神社　　オ　Ｅ県：大仙（大山）古墳　　カ　Ｆ県：端島《はしま》（軍艦島）

問２　次のア～エは、略地図中あ～え地点の３Ｄ画像です。このうち、い地点の画像をア～エから１つ選び、記号で答えなさい。ただし、画像の縮尺と方位は等しくありません。

ア

イ

ウ

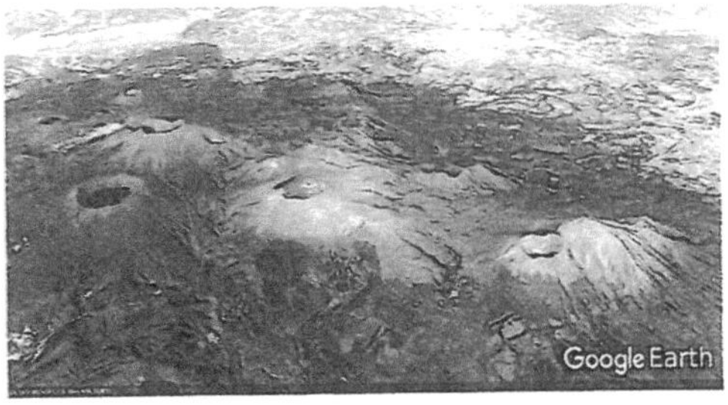

エ

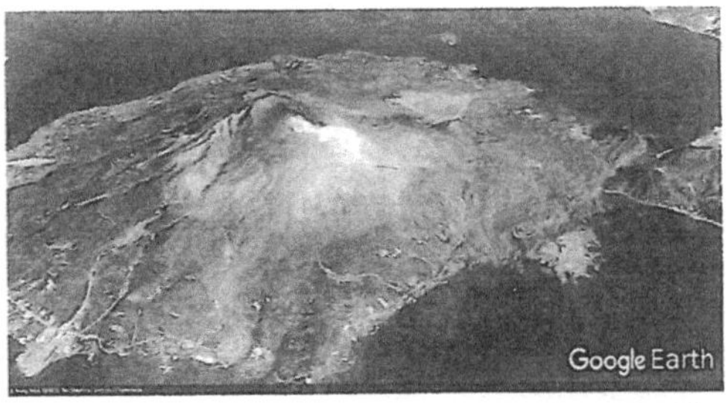

（Google　Earthにより作成）

問３　次のア～エの円グラフは、うなぎ、のり、かきの養しょく収穫量とかつおの漁かく量における上位５つの県と全国に占める割合を示したものです。このうち、のりの養しょく収穫量のグラフをア～エから１つ選び、記号で答えなさい。なお、グラフ中のＡ、Ｄ、Ｅ、Ｆは、略地図中Ａ～Ｆ県に対応しています。

ア

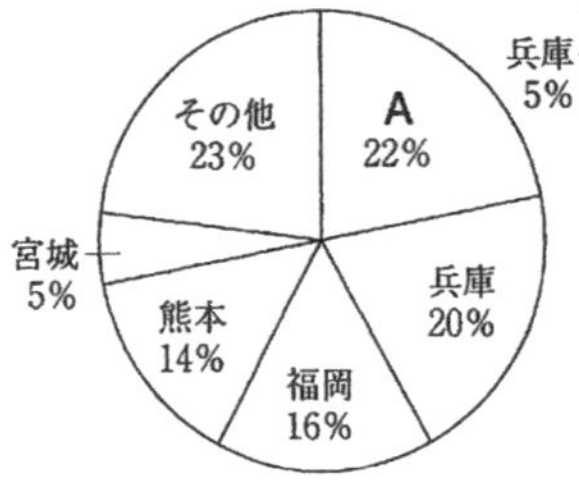

イ

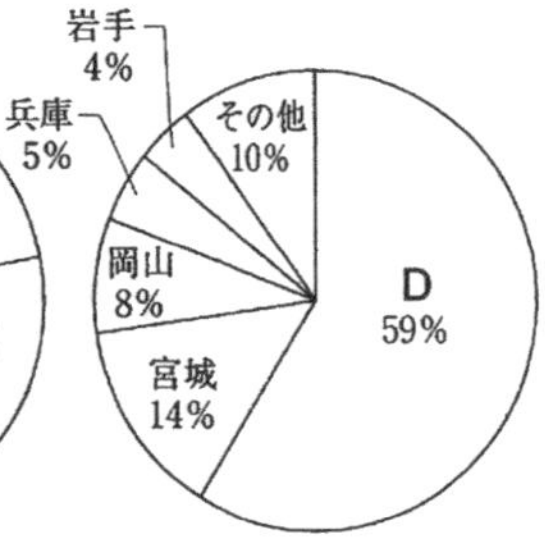

ウ

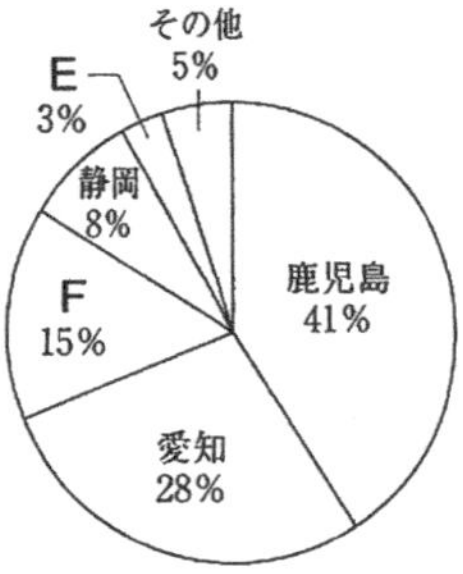

エ

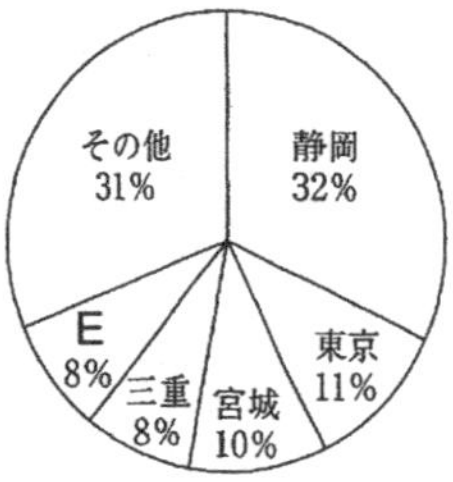

統計年次は2017年。

（『データブック　オブ・ザ・ワールド　2020年版』により作成）

問４　次の表は、略地図中Ａ～Ｆ県の人口、65歳以上人口の割合、製造品出荷額等（食料品、鉄鋼業、輸送用機械器具）を示したものです。この表を見て、あとの問いに答えなさい。

	人口（万人）	65歳以上人口の割合（%）	製造品出荷額等（十億円）		
			食料品	鉄鋼業	輸送用機械器具
Ａ　県	82	29.4	350	34	181
Ｂ　県	137	33.8	221	583	953
Ｃ　県	68	33.8	74	163	85
Ｄ　県	279	29.0	664	1088	3457
Ｅ　県	71	34.4	94	36	41
Ｆ　県	110	31.3	368	17	53
全国	12478	28.1	28426	15669	64991

統計年次は、人口・65歳以上人口割合は2019年、製造品出荷額等は2016年。

（『データブック　オブ・ザ・ワールド　2020年版』により作成）

(1)　Ａ～Ｆ県のうち、65歳以上の人口が最も少ない県はどこですか。その県名を**漢字**で答えなさい。

(2)　上の表から読み取ることができるものを、次のア～エから１つ選び、記号で答えなさい。

ア　人口が多い順に、食料品の出荷額も高い。

イ　Ａ～Ｆ県の65歳以上人口割合の平均は、全国平均よりも低い。

ウ　Ｆ県では畜産業がさかんなので、食料品の出荷額も全国で２番目に高い。

エ　Ｄ県は鉄鋼業の生産が多く、自動車を含む輸送用機械器具の出荷額も高い。

問５　次の①と②の地図は、略地図中★の都市中心部のものです。①・②について説明した文について、その内容がすべて正しければ〇、その内容が誤っているものがあれば、**誤っている文の数を数字**で答えなさい。

①

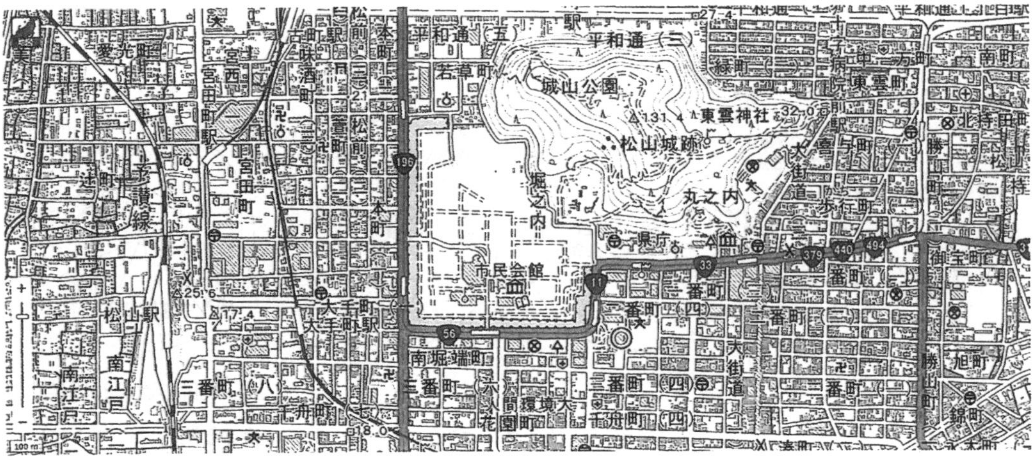

②

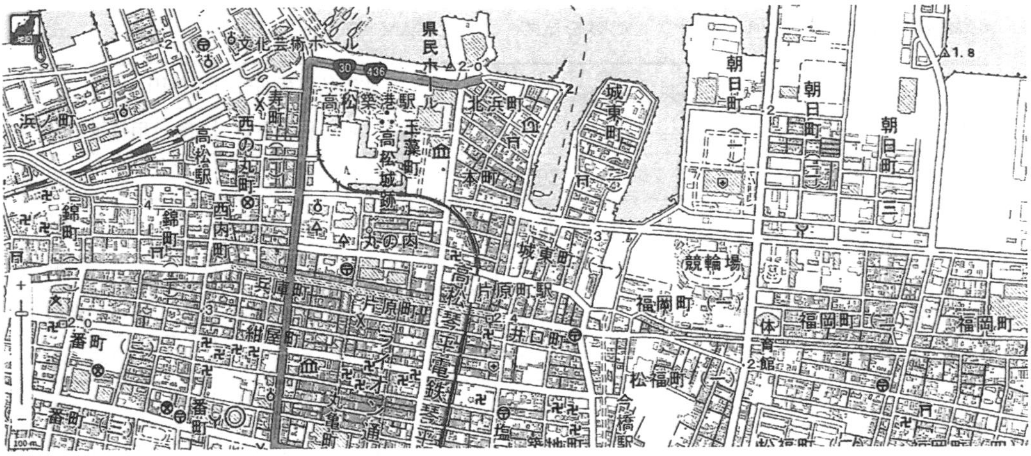

（地理院地図より）

＜説明文＞

- ①は愛媛県の、②は香川県の県庁所在地のものである。
- ①の市役所よりも、②の市役所の標高が低い。
- どちらも城下町として栄えた都市である。
- 消防署は、②の地図の範囲にはみられるが、①の範囲にはみられない。
- どちらの都市においても、複数の鉄道がみられる。
- どちらの都市も、２つの博物館にはさまれた地域に裁判所と交番がある。

ね
ⓓ
ⓔ
Ⅱ
30
20

1 枚 目 得 点

※

※

※印のところは記入しないこと

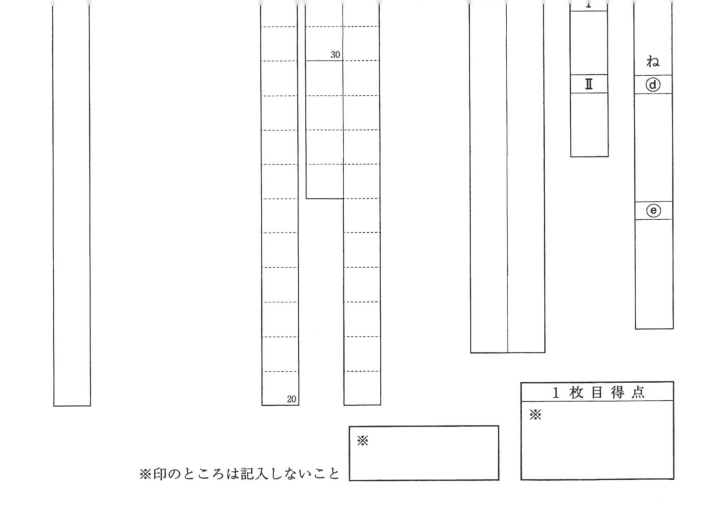

※印のところは記入しないこと

※

2枚目得点
※

合計得点
※

※100点満点
（配点非公表）

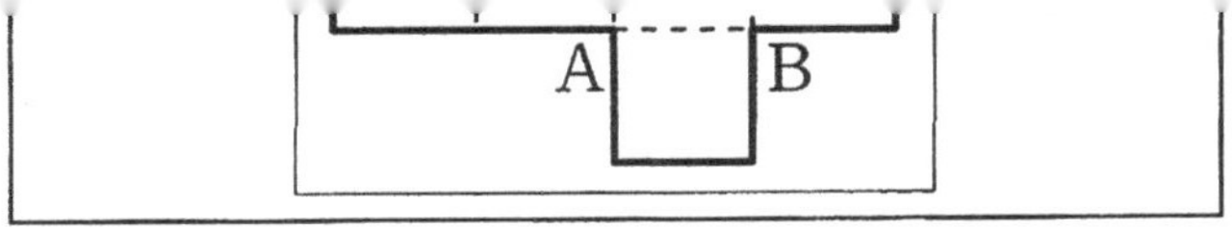

3

(1)

(2)							
②		③		④		⑤	

1 枚 目 得 点
※

※印のところは記入しないこと ※

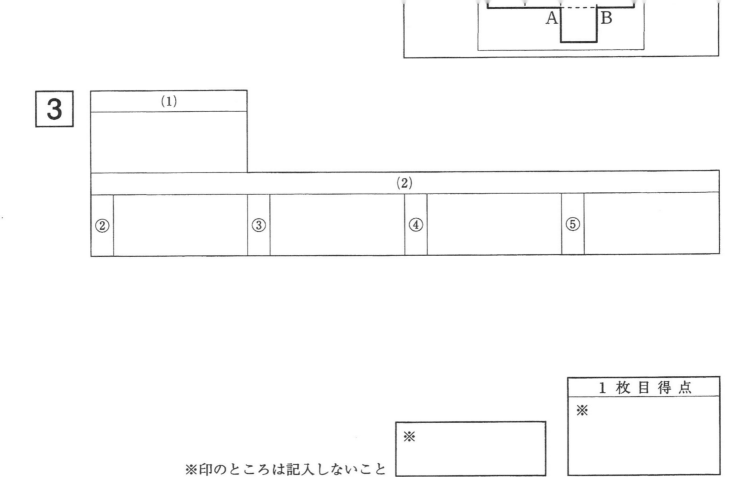

5

(1)	(2)
	勝　敗　引き分け

(3)

	い		う	

※印のところは記入しないこと

※	2 枚 目 得 点	合 計 得 点
	※	※

※100点満点
（配点非公表）

5

問1	問　2			
	(1)		(2)	

6

問1	問　2			
	(1)	g	(2)	g

7

問1	問　2			
	(1)	cm	(2)	秒

※印のところは記入しないこと

※

得　　点
※

※75点満点
（配点非公表）

2022(R4) 中村学園女子中
K 教英出版

		(1)	県	(2)

問　5	問　6					
	(1) ⓐ		ⓑ	(2)		(3)

4

問　1	問　2	問　3	問　4

問　5
→　　→　　→　　→

問　6

※印のところは記入しないこと　※

得　　点
※

※75点満点
（配点非公表）

受験番号	

氏名	

社 会 解 答 用 紙 （中学前期）

1

問 1	問 2	問 3	問 4	問 5
		遺跡		

問 6	問 7	問 8	問 9

問 10	問 11	問 12

2

問 1	問 2	問 3	問 4	問 5
				(1)

問 5
(2)

【解答用

受験番号	

氏名	

理科解答用紙（中学前期）

1

問1	問2	問3	問4
		倍	

2

問1	問2	問3

3

問1	問2	問3		問4	問5

4

問1	問2	問3	問4

【解答用

受験番号	

氏名	

算　数　解　答　用　紙　２枚目　（中学前期）

4

(1)	(2)
人	分後

(3)
時間　　分後

受験番号	

氏名	

算　数　解　答　用　紙　1枚目　（中学前期）

1

(1)	(2)	(3)	(4)	(5)

2

(1)	(2)	(3)	(4)
(5)	(6)	(7)	(8)
m　cm	円	時間　分	°
(9)	(10)	(11)	
cm^2	cm^2		

【解答用

受験番号

氏名

国語解答用紙　2枚目（中学前期）

二

問一
ⓐ

問二
X
Y

問三

問四
45

問五

問六

問七

問八
45

問九

問十
①
②

受験番号

氏名

国語解答用紙 1枚目（中学前期）

一

問一

ⓐ

ⓑ

ばれる

問二

A

B

C

問四

1つ目

2つ目

問五

問六

X

Y

問七

問八

a

b

【解答用

問６　略地図中★の都市の気候について説明した次の文章を読んで、あとの問いに答えなさい。

> この地域は、夏の季節風は（　ⓐ　）山地に、冬の季節風は（　ⓑ　）山地にさえぎられるため、晴天の日が多く、日本の中でも降水量が少ない地域となっています。このような気候を利用し、瀬戸内海の小豆島では、日本で初めて（　ⓒ　）の栽培に成功しました。（　ⓒ　）は乾燥に強く、ほかの樹木が生育困難な岩石が多い土地でも生育可能です。その実は、採油用や食用として用いられています。世界では、スペインやギリシャ、ⓓイタリアなど地中海ぞいで生産がさかんです。

⑴（　ⓐ　）と（　ⓑ　）にあてはまる語句を**漢字**で答えなさい。

⑵（　ⓒ　）にあてはまる農産物名を答えなさい。

⑶　下線部ⓓで見ることができる景色として最も適当なものを、次のア～エから１つ選び、記号で答えなさい。

ア

イ

ウ

エ

4　次の３人の会話を読んで、あとの問いに答えなさい。

ユウ：見て、この写真！

アイ：あっ、これ、①ＳＮＳにアップしていたよね。

ユウ：そうなの！こんな大きな雲を初めて見たから、びっくりしてすぐに写真に撮っちゃった。

アイ：すぐあとに大雨が降ったよね？大丈夫だった？

ユウ：うん、家の中に入ったとたん、一気に降ってきたの。ギリギリセーフだった。

アイ：それにしても、「このまま雨がやまなかったらどうしよう」と不安になるような降り方だったよね。

ユウ：最近は、毎年大雨や台風で被害を受けた地域のニュースを目にするから、少し強い雨が続くだけで心配になるよね。

アイ：そういえば、警報や注意報などは（　②　）が、避難勧告《ひなんかんこく》や避難《ひなん》指示は③市町村が出しているらしいね。出すタイミング、難しそうだよね。

ユウ：確かに。でも、避難勧告や避難指示って、どちらがすぐに避難しなきゃいけない状況なのか、よく分からないんだよね。

アイ：よし、先生に聞いてみよう！先生、避難勧告とか避難指示って、どちらが深刻な状況なんですか？

先生：２人とも、雲のことから災害のことへつなげる考え方ができていて、すばらしいね。では、そもそも「避難」とはどういう意味か知っているかな？

ユウ：逃げることです！

アイ：災害が起こったとき、学校とか避難場所に行くことですかね。

先生：うん、２人とも半分正解です。避難というのは、「難」を「避《さ》」けることだね。だから、危険を感じたらその場所を離れたり、避難場所に行ったりすることが大切です。でも、安全な場所にいる人まで避難場所に行く必要はないんだよ。

ユウ：へぇ、そうなんですね。

先生：実は、去年の４月に④災害対策基本法が改正されたの。５月から「避難勧告」が廃止されて、⑤警戒レベル４の「避難指示」で必ず避難するように変わったのだけれど、２人とも知っていたかな？

アイ：いえ、知りませんでした。教えていただいて良かったです。

ユウ：私も知りませんでした。いつ避難すべきか分かりやすくなって良かったです。

先生：ただし、「避難指示」が出ていなくても、身の危険を感じたら避難を始めることが大切ということを忘れてはいけないよ。

問１　下線部①について述べた文のうち下線部が正しいものを、次の**ア～エ**から１つ選び、記号で答えなさい。

ア　ＳＮＳとは、スペシャル＝ネットワーキング＝サポートの略である。

イ「知る権利」により、ＳＮＳに絵本や雑誌の内容を写真に撮って公開することは認められている。

ウ「子どもの権利条約」により、世界中の子どもはＳＮＳに制限なく情報を公開することができる。

エ　自分自身のことや自分の考えを知ってもらうために、ＳＮＳを活用する国会議員が増えている。

問２　（　②　）に入る省庁の名称を、次の**ア～エ**から１つ選び、記号で答えなさい。なお、この省庁は、「雨や風などを測る観測」や「地震と火山の監《かん》視」を毎日行い、「警報などの命を守るための情報」や「天気予報などの暮らしに身近な情報」を発表しています。

ア　消防庁　　**イ**　海上保安庁　　**ウ**　気象庁　　**エ**　資源エネルギー庁

問３　下線部③について、都道府県や市町村が、住民の願いから問題を解決しながらさまざまな事業を進めていく政治のあり方を何といいますか。**漢字４字**で答えなさい。

問４　下線部④について、法律を定める機関（立法機関）を**漢字**で答えなさい。

※　問題は次ページに続きます。

問５　下線部⑤について、次のＡ～Ｅのカードには、５段階の警戒レベルで取るべき避難行動等が書かれています。Ａ～Ｅを警戒レベルの低いほうから順に並び変えなさい。

A

災害への心構えを高めましょう。

B

災害が発生する危険が高まっています。
速やかに危険な場所から避難先へ避難しましょう。

C

避難に備え、ハザードマップ等により、自らの**避難行動を確認**しましょう。

D

既に**災害が発生・*切迫《せっぱく》**している状況です。

命が危険ですので、直ちに身の安全を確保しましょう。

E

避難に時間を要する人（ご高齢の方、障害のある方、乳幼児等）とその支援者は危険な場所から避難をしましょう。その他の人は、避難の準備を整えましょう。

（内閣府防災情報のページ・政府広報オンラインの画像により作成）

＊切迫…非常に差しせまること。逃げ場のない追いつめられた状態になること。

問6　あなたは現在、６階建ての建物の４階の部屋にいます。以下の場合、あなたはどのように行動しますか。そのように判断した理由も合わせて答えなさい。

＜あなたがいる場所の情報＞

①　付近に小さな川が流れている。

②　洪《こう》水により、最大2.0～3.0mまで浸《しん》水する可能性がある。

　　→ ものが水につかること。水びたしになること。

③　高潮により、3.0m以上浸水する可能性がある。

　　→ 台風や発達した低気圧が通過するとき、潮《ちょう》位《い》が大きく上昇すること。

④　近くの避難場所は以下の２つである。

・Ａ小学校：土砂災害時には使用できるが、洪水時は使用できない。

・Ｂ公民館：土砂災害時には使用できるが、高潮時は使用できない。

＜現在の状況＞

①　昨日から大雨が降り続いている。

②　大雨特別警報（土砂災害、浸水害）が出されている。

③　洪水警報が出されている。

④　警戒レベル４の避難指示が出されている。

＜参考＞

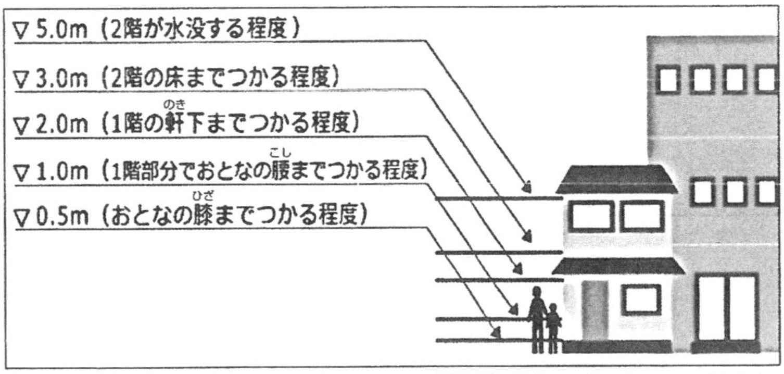

（福岡市総合ハザードマップより）

2022(R4) 中村学園女子中
K 教英出版

2022(R4) 中村学園女子中
K 教英出版